JN408664

재판인가 개판인가

김제방 역사서사시집

문학공원 시선 237

재판인가 개판인가

김제방 역사서사시집

대한민국 역사를 보여주는 詩

한국경제에는 엎친 데 덮친 격이다 가뜩이나 최근 '3고-고환율·고물가·고금리' 리스크가
한국경제를 옥죄면서 '상저하고' 전망이 불투명해지고 있는 상황이다
정부는 중동발 불안이 장기화될 것을 염두에 두고
최악의 사태에 대비해야 한다

문학공원

〈서언〉

신중동전쟁

우크라이나전쟁 와중에 신중동전쟁…
팔레스타인 무장 정파 하마스의
이스라엘 기습 공격으로 시작된 무력 충돌이
확전 양상으로 치닫고 있다
미국이 세계 최대 핵추진항공모함을 이스라엘에 급파했고
이스라엘이 가자지구에 지상군을 투입할 것이라는
전망도 나온다
하마스의 공격 배후에 이란이 있다는 정황도 나타나면서
미국과 이란의 대리전 혹은 '신중동전쟁'으로
비화될 수 있다는 우려가 커지고 있다
러시아의 우크라이나 침공에 이어 세계 경제에
또 하나의 전쟁리스크가 덮쳤다
한국경제에는 엎친 데 덮친 격이다
가뜩이나 최근 '3고-고환율 · 고물가 · 고금리' 리스크가
한국경제를 옥죄면서 '상저하고' 전망이
불투명해지고 있는 상황이다
정부는 중동발 불안이 장기화될 것을 염두에 두고
최악의 사태에 대비해야 한다

2024년 1월 17일

김 제 방

차례

제1장 한·사우디 공동성명

제2장 박정희 대통령 추도식

제3장 황금마차 탄 윤대통령

제4장 대법원 2차 청원서

차례

제5장 악성카르텔의 원조

제1장

한·사우디 공동성명

하마스 이스라엘 기습공격

유대교 명절을 노린 팔레스타인 무장정파 하마스의
10월 7일 새벽 기습공격으로
이스라엘 본토가 사상 초유의 대규모 피해를 보았다
이스라엘이 자랑하는 저고도 방공망 '아이언돔'과
세계 최고 수준인 정보기관 모사드의
정보력도 무용지물이었다
1973년 이집트 · 시리아가 유대교 명절에
이스라엘을 습격한 '욤키프르전쟁-4차중동 전쟁' 이후
50년 만의 일이다
이스라엘은 즉각 "하마스를 파괴하겠다"며
전쟁을 선언했다
레바논의 시아파 무장단체 헤즈볼라도
이날 이스라엘 북부 군사시설을 공격하면서
가세해 이번 무력충돌이 '5차중동전쟁'으로
비화할 수 있다는 우려가 나온다
하마스가 쏜 로켓 7000여발은 철통같은
방공망으로 알려진 '아이언 돔'을 뚫고
최대 도시 텔아비브를 비롯한 중남부 지역을 타격해
수백 명의 하마스 전투원은 픽업트럭과
오토바이 · 모터보트 · 패러글라이더 등을 이용해
이스라엘 마을 20여 곳과 군기지에 침투했고

이스라엘 군인 50여 명과 민간인 다수를
포로와 인질로 붙잡아 가자지구로 끌고 갔다
베냐민 네타냐후 이스라엘 총리는
“우리는 길고 어려운 전쟁을 시작하고 있다”며
“하마스가 있는 모든 곳 숨어있는 모든 곳
활동하는 모든 곳을 폐허로 만들겠다”고 선언하고
곧 바로 철검 작전에 돌입해
가자 시티와 칸 유니스 등 가자지구 일대
하마스 관련 시설 426곳을 공습했다
무력충돌이 이틀째 이어지면서
인명피해가 커지고 있다
하마스 공격으로 이스라엘에서 최소 600명이 숨지고
2,048명이 부상했다고 예루살렘포스트와
타임스오브이스라엘이 보도했다
이스라엘의 보복 공격을 받은 가자지구에서는
사망자 370명 부상자 2,200명이 넘었다

아프간 6.3 강진

지난해 지진과 홍수로 큰 피해를 입은
아프카니스탄에서 또다시 강진이 발생해
2,000여 명이 사망하고 9,000여 명이 다쳤다
2021년 8월 탈레반 재집권 이후 2년간
해외 원조가 중단되고 경제가 붕괴하는 등
인도주의적 재난에 처한 상황에서
이번 자연재해까지 덮쳐 심각한 피해가 우려된다
10월 8일 로이터통신에 따르면
아프간 당국은 전날 발생한 지진으로
2,053명이 사망하고 9,240명이 다쳤으며
주택 1,329채가 파괴되거나 손상됐다고 밝혔다
장비도 구조대도 없어 맨손으로 수색…
아프간 기약 없는 지진 생존자 구출
골든타임 다가오는데도
세계 각국은 지원 무관심 속에
“맨손으로 땅을 파헤치며
매몰된 사람들을 찾고 있습니다”라는 아우성이다

강서구 여당 참패

내년 총선 전초전으로 꼽힌
서울 강서구청장 보궐선거가
집권여당이 야당에 17%포인트 뒤지는 완패로 끝났다
국민의힘에선 "윤 대통령의 패배"라는 진단과 함께
윤 대통령이 이념 중심의 국정기조를 바꿔야한다는
주장이 나왔다
그러나 윤 대통령이 국정 기조를 수정하고
여당과의 수평적 관계를 허용하고
야당과의 대화에 나설 지에 대해서는 회의적이다

2023년 10월 12일 중앙선거관리위원회에 따르면
11일 진행된 강서구청장 보궐선거 최종 개표결과
진교훈 더불어민주당 후보가 과반인 56.52%를 득표해
김태우 국민의힘 후보(39.37%)를
17.15%포인트 차로 누르고 당선됐지만
국민의힘은 예상보다 큰 격차의 패배에
곤혹스러운 모습이지만 책임지겠다는 사람은 없었다

더불어민주당 내부 이탈로 이재명 당 대표
체포동의안이 가결됐던 9월 21일만 해도
"이 대표 리더십이 최대 위기에 봉착했다"는

분석이 많았다
그러나 상황이 달라졌다
강서구청장 보궐선거에서 압승하면서
친명 · 비명을 막론하고
"지도체제에 의문을 제기하기 힘들어졌다"는
이야기가 나온다
더불어민주당은 대여 압박 수위를 높였다
홍익표 원내대표는
"국민은 오만 · 독선 · 무능 · 무책임으로 일관한
국정운영에 대한 대통령의 사과를 요구하고 있다"며
"총리의 해임과 법무부장관의 파면
부적격 인사에 대한 철회부터 시작해야 한다"고 촉구했다

이스라엘군 국경집결

이스라엘군은 2023년 10월 13일 0시
가자지구 북부주민 약 110만 명과
유엔 등 현지 국제기구 직원들에게
"며칠 내로 가자지구에서 중요한 작전을 벌이겠다"며
가자지구 북부 주민에게 24시간 안에
남쪽으로 대피하라고 명령했다
10월 7일 가자지구를 장악한
팔레스타인 무장단체 하마스의 이스라엘 기습 공격 이후
공습 위주로 전개되던 중동전쟁의
지상 전면전이 눈앞으로 다가왔다
하마스를 후원하는 이란 · 레바논 무장단체 헤즈볼라가
이스라엘군의 가자지구 투입을
사실상 '레드라인'으로 규정하고 있어
중동전쟁 확전의 변곡점이 될 것으로 전망된다

대법원 심리불속행기각

대법원이 올 상반기 민사 · 행정 · 가사 소송에서
10건 중 7건꼴로 '심리불속행기각' 판결을
내린 것으로 나타났다
심리불속행이란 대법원이 하급심 판결이
법을 위반했다고 주장하며 제기된
소송(상고)에 이유가 없다고 판단하면
추가로 재판을 열어 따지지 않고 기각하는 제도다
10월 8일 국회 법제사법위원회 소속
장동혁 국민의힘 의원이 대법원에서 받은 자료에 따르면
올해 1월부터 6월까지
민사 본안사건 6,257건 중 4,442건(71%)을
심리불속행 기각판결했다
심리불속행 제도는 판결문에
구체적인 이유가 제시되지 않기 때문에
소송 당사자들조차 패소 이유를 알 수 없다는
비판이 꾸준히 제기됐다
장 의원은 "판결 이유도 알 수 없는
'심리불속행' 기각의 증가로
국민의 재판권 침해가 우려된다"고 말했다
대법원은 인지세 50% 환불로 마감하고 있다

전운이 고조되는 중동

이스라엘이 가자지구 지상전에
수만 명의 병력을 투입할 것이라고
10월 15일 외신이 보도했다
2006년 레바논전쟁 이후 최대 규모다
미국도 이스라엘 주변에 이미 배치한
'수퍼 핵항모' 제럴드 포드 항모 전단에 이어
드와이트 아이젠하워 항공모함 전단을 추가 배치하는
초유의 군사적 행보를 보이며 전운이 고조되고 있다
이날 NYT에 따르면 이스라엘군은
수만 명의 병력을 투입해
팔레스타인 무장 정파 하마스의 지도부를 섬멸한다는
목표를 세우고 대규모 군병력을 동원해
최상의 조건에서 작전을 성공시키겠다는 구상이다

차분하고 지혜로운 변화

"차분하고 지혜로운 변화를
추진해나가는 것이 중요하다"
윤석열 대통령은 지난 10월 13일
이같이 강서구청장 보궐선거 패배와
관련해 메시지를 냈다
대통령실 관계자는
'차분하고 = 김기현 대표 체제 그대로'
'지혜롭게 = 수도권 민심을 토대로'
'변화추진 = 민생에 더 가까이 가자'란
뜻이라고 했다
대통령실 고위 관계자는
"김기현 대표 2기 체제를 꾸려
민심을 받들라는 것"이라며
"수도권 인사들을 전진배치하고
정밀한 진단을 바탕으로
차분히 수습하자는 것"이라고 말했다
실제 이튿날인 14일 이철규 사무총장을 비롯한
국민의힘 임명직 당직자 전원이 사표를 낸 것도
김기현 대표가 주말새
"수도권의 민심을 반영할 수 있는 새 진용을 짜겠다"고
의사를 전한 뒤 용산과 조율을 거친 결과였다

다만 현재로선 김 대표의 퇴진은
용산의 선택지에 없다고 한다
대안 부재론이 이유다
대통령실은 민생행보를 가속해
돌파구를 찾겠다는 입장으로 그간 윤 대통령은
'전정권 과오 바로잡기' 행보를 주로 했다면
국민이 실생활에서 체감할 수 있는
민생 이슈를 파고들겠다는 것이다

UAE와 FTA 체결

한국이 아랍에미리트(UAE)와
자유무역협정(FTA)을 체결했다
중동 국가와 맺은 첫 FTA이자
한국의 24번째 FTA다
자동차 · 전자제품 수출 증가 · 원유 수급 안정 등
UAE와의 경제협력이 강화될 것이라는 전망이 나온다
산업통상자원부는 안덕근 산업부 통상교섭 본부장과
빈 아호메드 알 제유디 UAE
대외무역특임장관이 2023년 10월 14일
포괄적 경제동반자협정(CEPA) 협상을 타결하고
공동 선언문에 서명했다고 밝혔다
CEPA는 FTA의 일종이다
양국은 높은 수준의 상품시장 개방에 합의함으로써
품목 수 기준으로 한국은 92.8%
UAE는 91.2%의 관세를 협정 발효 후
최장 10년 안에 완전 철폐하기로 했다

3기 신도시 왕숙

총 66,000가구 규모의 경기 남양주 왕숙 신도시가
부지 조성을 위한 첫 삽을 떴다
주택공급 부족 우려가 커지고 있는 가운데
정부는 연내 다른 3기 신도시도 착공해
공공주택을 중심으로 공급에 속도를 내겠다는 방침이다
국토교통부는 10월 15일 남양주 진건읍 일원에서
원희룡 국토부 장관이 참석한 가운데
왕숙 신도시 착공식을 열었다
원 장관은 "왕숙 신도시에 예정된
수도권 광역급행철도(GTX)-B 노선과 지하철 9호선 등
주요 교통망이 조속히 들어올 수 있도록
최선을 다하겠다"고 밝혔다

가자병원 폭발

조 바이든 미국 대통령의 이스라엘 방문 직전인
2023년 10월 17일 밤 팔레스타인 가자지구 내의
한 병원이 공습을 받아 500명 이상이 숨지는
사건이 발생했다
팔레스타인 무장단체 하마스는
“이스라엘의 대량학살”이라고 규탄했고
이스라엘은 “또 다른 무장단체 팔레스인
이슬라믹지하드(PIJ)의 소행”이라고 맞서는 상황에서
바이든 대통령은 18일 이스라엘에 도착해
“이스라엘군이 아닌 다른 쪽 소행으로 보인다”고 말했다
이번 병원 공습을 계기로 미국과 이스라엘 대(對)
아랍국가로 선명하게 선이 그어지면서
중동전쟁이 한층 심각한 국면으로
들어갈 수 있다는 우려가 나온다
하마스는 이번 공습을 유례없는 대량학살로 규정하고
“더 이상 침묵할 수 없다”며 보복을 천명했고
레바논 무장단체 헤즈볼라도
“18일을 적에 대한 분노의 날로 삼자
거리와 광장으로 즉시 가서 격렬한 분노를 표출하자”고
중동 이슬람권에 촉구했다
반면 이스라엘은 이번 폭격이 하마스보다 더 강경한

반이스라엘 성향인 PIJ의
로켓발사 실패 때문이라고 주장했다
베냐민 네타냐후 총리는 “병원을 공격한 것은
이스라엘군이 아닌 야만적 테러범들”이라며
PIJ 소행이라고 거듭 주장했다
바이든 대통령도 이스라엘의 주장에 힘을 실었고
18일 네타냐후 총리와의 회담에 앞서 모두 발언에서
“폭발사건에 대해 깊은 슬픔과 분노를 느꼈다”고 했다
바이든 대통령은 앞서
“이스라엘의 하마스 제거는 지지하지만
가자지구 점령에는 반대한다”며
일종의 가이드 라인을제시한 뒤
이례적으로 빠르게 타국 전장을 찾아
직접 해법을 도출하려 했으나 대형 참사와
주변 아랍 3국(팔레스인자치정부 · 요르단 · 이집트)과의
회담 취소로 첫발부터 어그러진 모양새가 됐으며
중동전쟁이 격화될 수 있다는 위기감이 고조되고 있다

시진핑 · 푸틴 밀담

조 바이든 미국 대통령이 이스라엘을 전격 방문한
2023년 10월 18일 중 · 러 정상은 베이징에서 만나
이스라엘 · 하마스전쟁 해결 방안을 논의
공조를 재확인했다
푸틴 대통령은 회담 뒤 기자들과 만나
시 주석과 약 3시간에 걸쳐 대화했다며
“중동 정세에 대해 자세히 논의했다”고 밝혔다
푸틴 대통령은 가자지구 병원 폭발에 대해
“비극이자 인도주의적 재앙”이라며
“이 분쟁을 최대한 빨리 끝내거나
적어도 양측이 대화해야 한다는
신호가 되기를 바란다”고 말했다
그리고 미국이 우크라이나에
에이테클스 지대지 미사일을 공급한 것과 관련해
“우크라이나의 고통을 연장하기만하는
미국의 또 다른 실수”라고 비판했다
이 무기가 전선 상황을 급격히 바꾸지 못하면서
“미국은 점점 더 이 분쟁에 휘말리고 있다”는 것이다

이·팔 전쟁에 웃는 중·러

이스라엘과 팔레스타인 무장 정파
하마스의 분쟁으로 인해 국가별로
희비가 엇갈리고 있다
양측의 전쟁에 가장 깊숙이 개입한
미국의 관심이 분산되면서
중국은 미국과의 패권 경쟁에서
유리한 입장에 섰다
우크라이나 전쟁을 합리화할 명분을 찾은
러시아도 반사이익을 보고 있다
반면 이스라엘 편에서 중동국가와 적을 지게 된
유럽국가들은 러시아를 대체할
원유 수입처를 놓칠 위기에 놓여 전쟁이 길어지면
우크라이나가 최대 피해자가 될 가능성이 크다
양측의 무력충돌이 장기화하거나 확전되면
글로벌 역학 구도가 재편될 것이라는 전망이 나온다

제2 중동 붐 조성

윤석열 대통령이 2023년 10월 21일
4박 6일 일정으로 사우디아라비아와
카타르를 국빈방문한다
이번 순방에서는 에너지 · 건설 위주였던
중동과의 경제협력을 첨단산업과 문화콘텐츠 등으로
확대하는 방안이 논의된다
이재용 삼성전자 회장과
정의선 현대자동차 그룹 회장
김동관 한화그룹 부회장
허태수 GS그룹 회장
정기선 HD현대 사장
박지원 두산 에너빌리티 회장 등
139명 규모 경제사절단을 꾸렸다

가자병원 참사 지하드 오폭

미국이 2023년 10월 17일 발생한
팔레스타인 가자지구 병원 폭발 참사에 대해
팔레스인 무장단체의 로켓포 오폭 때문이라는
결론을 내렸다
참사 직후 '이스라엘군 소행'에 무게를 뒀던
팔레스타인 및 주변 아랍국들은 입장을 바꾸지 않고 있다
바이든 대통령은 이날 이스라엘 방문을 마치고
미국으로 돌아오는 전용기 에어포스원에서
가자 지구와 국경을 맞댄
이집트의 압둘팟티흐 시시 대통령과 통화해
의약품 · 식수 · 식량 같은 구호물품을 실은
트럭 20대를 이집트를 통해 가자지구에 보내기로
협의했다고 밝혔다
9일 이스라엘의 가자지구 전면 봉쇄 이후
인도적 지원 제공은 처음이다

사우디에 21조 세일즈 외교

2023년 10월 22일 사우디아라비아를 국빈 방문 중인
윤석열 대통령이 무함마드 빈 살만 사우디아라비아
왕세자 겸 총리와의 정상회담에서
"포스트 오일시대 한국은
사우디아라비아의 최적 파트너"라고 밝혔다
양국은 이번 정상회담을 계기로
156억 달러(21조원) 규모의 수출 수주 MOU를 체결했다
지난해 11월 무함마드 왕세자 방한 당시 체결된
290억 달러(40조 원) 규모의 26개 사업과는 별도로
추가 체결이 이뤄진 것이다
한국석유공사와 사우디 국영 석유기업인 아람코 산
530만 배럴 규모의 공동원유 비축사업 계약도 체결됐으며
앞서 사우디는 21일 윤 대통령이 탑승한
공군 1호기가 자국 영공에 진입하자
F-15전투기 2대로 호위 비행하고
윤 대통령 부부가 전용기에서 내릴 때는
예포 21발 발포로 예우했다

헌법재판소 - 탄원서

헌법재판소장 님 귀하

사건명 : 1. 서울가정법원 2020드합40696 이혼 및 재산분할

2. 서울고등법원 2022르22517 이혼 등 청구의소

3. 대법원 2023므12645 이혼 등 청구의소

4. 서울중앙지방법원 2023타경112661 부동산강제경매

채권자 : 임용원(원고)

부천시 신흥로 000 C동 000호

채무자 : 김제방(피고)

서울 서초구 방배로 00길 00 000호

안녕하십니까? 저는 위 사건 채무자 김제방입니다

저는 1985년 원고 임용원과 재혼, 2020년 7월 27일까지 35년간 재혼에 성공한 사람으로 자부하면서 열심히 살아왔습니다. 재혼 당시 아내 임용원은 상당한 지참금(양딸 김선경과 함께 평생을 먹고 살만한 금액)이 있었습니다. 그 지참금은 저와는 아무 상관 없는 돈이라고 생각하면서 35년을 부부로서 품위를 지키면서 살아왔습니다. 아내는 늘 못사는 유일한 혈족인 동생 임유자를 생각하며 자기가 이렇게 행복해도 되는지 모르겠다고 안타까워했습니다.

그러던 중 2020년 전 세계적으로 코로나19가 창궐하고 있을 때 다섯 식구가 뿔뿔이 헤어져 살던 동생 임유자에

게 시련이 닥쳐왔습니다.

40여 년 전 이혼해서 살던 제부(법적으로는 부부였음)가 그해 3월에 사망하고, 5월에는 50세 미혼의 조카딸이 사망하자 아내 임용원은 충격을 받고 괴로워하면서 동생과 같이 살겠다고 7월 27일 이삿짐을 싸가지고 나갔습니다.

저는 평소에 아내의 심중을 알고 있었으므로 그 '지참금'으로 동생과 함께 늘그막에 행복하게 살기를 바라는 마음에서 쉽게 응락했습니다. 그리고 저는 이사비용으로 2천만 원과 용돈을 계속 송금하기로 약속하고 35년간 애용하던 현대백화점 배우자카드도 지참하고 나갔습니다.

아내는 나가면서 "그동안 행복했습니다. 감사합니다."라는 인사도 했습니다.

그런데 나가던 날 아내의 계획이 무산되었습니다.

이삿짐이 임유자의 강남 임대아파트로 가지 않았습니다.

이때 아내의 양딸 김선경이 미국 시민권자로 사위 김승태는 미국 공인회계사였습니다. 이들에게는 서울에 사는 시부모의 병간호를 위해 경기도 부천시 임시 거소(트리플타워 C동 601호)에 살고 있었습니다. 마침 시아버지가 5월에 돌아가시고 시어머니는 6개월 전에 돌아가셨습니다. 이들이 미국으로 돌아갈 준비를 하고 있을 때 그 이삿짐이 부천으로 옮겨간 것입니다.

그 이유는 저도 모릅니다.

아내 임용원도 김선경에게 집을 나간다는 말을 하지 않은 상태였습니다.

아내 임용원과 임유자·김선경 세 사람 모두에게 황당한 일이 발생한 것입니다.

그런 황당한 일이 벌어지고 약 4개월 후인, 아내 임용원은 2020년 11월 18일에 위자료 5천만 원과 자산 분할 10억 원 이혼소송을 해왔습니다.

그러나 아내는 서울가정법원 조사관(장보현) 앞에서 "집을 나갈 때 이혼할 생각은 하지 않았고, 위자료와 자산 분할도 요청한 일이 없으며, 나는 모르는 일입니다"라고 진술한 한 바 있습니다. 결국 2022년 7월 19일 서울가정법원(판사 김현정)은 기각판결을 내렸습니다.

그런데 아내는 고등법원에 상소하면서 이혼하지 않는 조건으로 3억 원을 요구하였습니다. 저는 1억 원 일시불에 매월 생활비 70만 원을 지급하겠다고 했습니다. 고등법원(판사 김시철)에서는 합의를 도출하는 것으로 알고 있었는데, 2023년 4월 20일 의외로 이혼과 동시에 재산분할 818,000,000원을 선고했습니다.

저는 이에 불복해서 2023년 5월 24일 대법원에 상고했습니다. 대법원에서는 8월 18일 '심리불속행기각' 판결을 내렸습니다.

이와 같은 과정을 거치면서 저는 심한 충격을 받았습니다.

힘없는 국민들은 누구를 믿고 살아야 합니까? 참담할 뿐입니다.

내 나이 올해로 90입니다.

4남매와 사위 · 며느리 · 손자 · 증손자 등 20여 식구가 나를 쳐다보고 있습니다. 지금까지는 그런대로 품위를 유지해가며 살아왔다고 자부했지만, 말년에 이르러 국가권력(國家權力)의 전횡(專橫)으로 벼랑 끝에 내몰린 나의 몰골이 한없이 부끄럽고, 자식들 보기가 민망스럽습니다.

저는 이를 10월 10일 서울중앙지방법원장님께 청원서(請願書)를 제출하였습니다. 10월 11일에는 서울고등법원장님께, 10월 12일 대법원장님에게 청원서를 제출하였습니다. 그후 10월 16일 서울지방법원으로부터 답변서 받았으나 서울고등법원과 대법원으로부터는 아직 답변서를 받지 못하고 있습니다. 이제 마지막으로 헌법재판소장님께 탄원서를 제출하오니 살펴보시고 선처하여 주시기를 바랍니다.

강제경매를 신청한 아내 임용원과 딸 김선경 사위 김승태는 정체를 숨기고 대화를 거부하고 있습니다. 9월 15일부터 거의 매일 출근하다시피 부천엘 가지만 집을 비어놓고 아무도 없습니다. 전화 · 서신도 모두 불통입니다. 죄송합니다.

2023년 10월 23일

김 제 방

사우디 하늘 한국이 지킨다

사우디아라비아 국빈방문 사흘째인 10월 23일
윤석열 대통령의 일정과 메시지는 시종
'오일 머니'를 겨냥한 세일즈외교에 맞춰졌다
특히 과거 도로 · 항만 등 사회기반시설 위주에서 벗어나
'넥스트 오일'시대에 맞춰 무기 수출부터
디지털 인프라 구축에 이르기까지
그 범위를 크게 확장했다
김태효 국가안보실 1차장은 현지 브리핑에서
"방위산업은 사우디와의 협력에서
새로운 블루오션으로 부상하고 있다"며
"대공 방어체계 · 화력무기 등 다양한 분야에서
대규모 방산 협력 논의가
막바지 단계에서 진행되고 있다"고 말했다
여권 관계자는 "곧 사우디의 하늘을 한국무기
체계가 지키는 장면을 보게 될 것"이라고 전망했다

여당 혁신위원장에 인요한

'파란눈의 한국인' 인요한 연세대 의대 교수가
국민의힘 혁신위원장에 임명됐다
2023년 10월 11일 서울 강서구청장 보궐선거 참패로
위기에 빠진 집권여당의 개혁과
체질 변화를 이끌 과제를 안게 되었다
인요한 위원장은
"와이프와 아이만 빼고 다 바꿔야한다"며
강한 쇄신을 예고했다
그러나 권한과 책임이 어디까지일지가 관건이다
인 위원장은 개화기 미국에서 건너온
유진 벨 선교사의 외증손자로
전라북도 전주에서 태어나 전남 순천에서 자랐다
5·18민주화운동 당시엔 시민군의 외신
영어 통역을 맡았다
한국형 앰뷸런스를 개발한 공로를 인정받아
2012년 특별귀화 1호로 복수국적의 한국인이 됐다

사우디 네옴시티 사업

윤석열 대통령의 사우디아라비아 국빈 방문을 계기로
사우디가 추진하는 네옴시티 프로젝트 중
250억달 러(34조 원) 규모 사업에서
한국기업의 수주가 유력한 것으로 전해졌다
현대엔지니어링과 현대건설이 24억 달러(3조2000억 원)
규모 가스플렌트 사업 수주 계약을 따내는 등
사우디 진출 50주년을 맞은 한국 건설업계에
'제2중동붐'에 필적하는 낭보가 이어지고 있다
윤 대통령은 10월 23일 사우디 왕립과학
기술원에서 열린 '한 · 사우디 미래기술
파트너십 포럼'에 차석해 디지털 · 청정에너지 ·
바이오헬스 · 우주 등 4대분야에서 양국의
과학기술 파트너십 강화 방안을 논의했다

이재명 35일 만에 복귀

이재명 더불어민주당 대표가 10월 23일
“체포동의안 처리 과정의 일로
더 이상 왈가왈부하지 않기를 바란다”고 말했다
단식에 따른 병원 입원으로 35일 만에
당무에 복귀한 자리에서다
지난달 자신의 체포동의안 가결과 관련해
친명계를 중심으로 제기되는 징계요구에 선을 그으며
당 내부의 단합을 주문했다
한편 이 대표는 윤석열 정부를 향해
전면적인 국정쇄신 요구를 이어갔다
“무능과 폭력적 행태의 표상이 돼버린 내각을
총사퇴시켜야 한다”며
“그것이 말로만의 반성이 아니라
국민 모두에게 정부의 진정성을 확인시켜주는
핵심적인 모습이 될 것”이라고 했다
오랜만에 최고위에 나타낸 이 대표는 회의 주재에 앞서
주위사람들에게 웃으며 농담을 던지는 등
여유 있는 모습을 보였다

한 · 사우디 공동성명

윤석열 대통령과 사우디아라비아 실권자
무하마드 빈 살만 왕세자 겸 총리가
2023년 10월 24일 "수소경제 · 스마트시티 ·
미래형교통수단 · 스마트업 등
공동관심분야를 중심으로 상호 투자확대를
적극적으로 모색한다"는 내용의 공동성명을 채택했다
무함마드 왕세자는 이날 오후 윤 대통령의 숙소인
영빈관을 전격 방문해 23분가량 단독으로 회담했다
예정에 없던 환담 후 윤 대통령은 무함마드 왕세자가
직접 운전하는 벤츠 승용차 옆자리에 동승해
이날 오후 열린 미래투자 이니셔티브 포럼 행사장으로
15분간 함께 이동해 행사장에 나타나자
청중은 박수로 환호하며 휴대전화로 촬영하기도 했다
국빈 초청국 정상을 직접 찾아와 단독회담에 이어
공개석상에 함께 등장한 것을 두고
"파격에 가까운 환대"라는 평가가 나왔다
윤 대통령은 24일 카타르에 국빈 지격으로 방문해
세일즈외교를 이어간다

한 · 카타르 정상회담

카타르를 국빈방문 중인 윤석열 대통령이
2023년 10월 25일 타밈 빈 하마드 알사니
카타르국왕과 정상회담을 하고
46억달러(6조2000억원) 이상의 계약과
MOU를 체결했다
카타르 수도 도하에서 이날 열린 회담에서
양 정상은 경제 분야를 주로 논의했다
회담에선 HD현대중공업과
카타르에너지 액화천연개스(LNG) 운반선
17척 건조 계약이 체결됐다
39억 달러(5조2,600억 원) 규모로
단일 계약으로는 국내 조선업계 최대 규모다
계약체결로 한국기업의 올해
세계 LNG운반선 수주 점유율은
기존 74%에서 82%로 증가하게 되었다
두 정상은 양국 관계를 기존 포괄적 동반자 관계에서
포괄적 전략 동반자 관계로 격상키로 했다

제2장

박정희 대통령 추도식

이건희 3주기 추모식

고 이건희 삼성그룹 선대회장의 3주기 추모식이
2023년 10월 25일 오전 경기도 수원 이목동에 있는
고인의 선영에서 엄수됐다
이재용 삼성전자 회장은
사우디아라비아 경제사절단 출장을 마치고
오전 6시30분 전세기 편으로 김포공항에 도착
서울 한남동 자택에서 모친인
홍라희 전 삼성미술관 리움 관장과 함께 선영을 찾았다
비슷한 시간 이부진 호텔신라 사장
이서현 삼성복지재단 이사장과
김재열 국제올림픽위원회(IOC) 위원 부부 등
유가족이 도착해 추모식에 참석했다
앞서 한종희 삼성전자 부회장과
경계현 삼성전자 반도체 부문
노태문 삼성전자 모바일경험 사업부장 등
삼성 사장단 60여 명도 차례로 선영을 찾아
고인을 기렸다

최원석 동아그룹 회장 별세

세계 최대 규모의 리비아 대수로 공사 등으로
동아그룹을 한때 국내 재계 10위로 키웠던
최원석 전 동아그룹 회장이 10월 25일
지병으로 별세했다 향년 80세
고 최준문 전 동아건설 창업주의 장남으로
대전에서 태어난 고인은 25세였던 1968년
동아건설 사장으로 경영에 뛰어들었다
이후 대한통운 대표 · 대전문화방송 사장
동아생명 회장 등을 거쳐
1978년 동아그룹 회장에 올라 21년간 회장을 지냈다
동아그룹 회장 당시 수주한 리비아 대수로 공사는
세계 최대 규모여서 기네스북에 등재됐고
고인도 브리테니커 대백과사전에 이름을 올렸다
리비아에선 사막을 농지로 바꾼 인물로
'불도저' '빅맨' 등으로 불렸다
당시 리비아의 무안마르 카다피에게
한국어로 '회장님'으로 불리며
국가 원수급 대우를 받기도 했다
특유의 사업 수완으로 중동에서 굵직한 사업을 따내며
'중동 건설 붐'을 이끌었다
하지만 동아건설이 지은 성수대교가 1994년 붕괴되며

사상자 49명이 발생했고
1997년 IMF 외환위기 때 경영난으로 사세가 기울어
계열사 22곳을 거느리며
재계 순위 10위까지 올랐던 동아건설은
2001년 파산선고를 받았다
배우 김혜정 · 가수 배인순 · 장은영 전 아나운서 등과
4차례 결혼과 이혼을 했다

박근혜 상경

박근혜 전 대통령이 2023년 10월 26일
서울 동작구 국립현충원에서 진행되는
박정희 대통령 44주기 추도식에 참석한다
이날 추도식에는 국민의힘 김기현 대표와
인요한 혁신위원장 등 여권 인사도 대거 참석해
박 전 대통령과 만날 것으로 보인다
여권은 2021년 12월 사면 이후 처음 상경하는
박 전 대통령이 내년 4월 총선을 앞두고
어떤 메시지를 낼지 주목하고 있다
여권 안팎에선 핵심 인사들이 대거 참석하는만큼
박 전 대통령이 보수 진영을 아우르는
메시지를 낼 수 있다는 관측도 나온다

박정희 44주기 추도식

4박 6일간 사우디아라비아 · 카타르 국빈 방문을 마치고
10월 26일 오전 8시 40분 성남 서울공항으로 귀국한
윤석열 대통령은 곧장 국립현충원으로 향했다
오전 11시부터 열리는 박정희 대통령 44주기 추도식
참석을 위해서였는데
현직 대통령의 참석은 이번이 처음이다
공식행사를 마친 윤 대통령은
유족 대표 박근혜 전 대통령과 단둘이 길을 올라
묘역을 참배했다
"장거리 다녀온 뒤 바로
추도식에 참석해주셔서 감사드린다
순방 성과도 좋았다고들었다"
"순방을 다녀보면 한국을 부러워한다
그러면 제가 '딴 거 할 거 없다
박정희 대통령을 공부하면 된다'고 얘기한다"

윤 대통령은 800자 분량의 추도사에서도
"박정희 대통령은 '하면 된다'는 기치로
국민을 하나로 모아 산업화를 강력히 추진했다
'한강의 기적'이라는 세계사적 위업을 이뤄냈다"며
박정희 대통령을 여덟 번 언급했다

또 취임 후 92개국 정상과
경제협력을 논의한 사실을 상기하며
“박정희 대통령이 이뤄낸 압축성장을 모두 부러워하고
지도자의 결단에 경의를 표했다
이분들에게 ‘박정희 대통령을 공부하라
그러면 압축 성장도 보장할 수 있을 것’이라고
늘 강조했다”고 소개했다
복합위기 해법으로 ‘하면 된다’를 강조한 윤 대통령은
“자랑스러운 지도자를 추모하는 뜻깊은 자리에서
박근혜 전 대통령과 유가족들에게
자녀로서 그동안 겪은 슬픔에
심심한 위로의 말씀을 드린다”며 추도사를 마쳤다

노태우 2주기 추도식

노태우 전 대통령의 서거 2주기 추도식이
10월 26일 경기도 파주 동화경모원 묘역에서 열렸다
추도식을 주최한 '보통사람들의 시대
노태우 센터' 고문 자격으로 추도사를
낭독한 김종인 전 국민의힘 비상대책위원장은
"고인은 시대변화를 인정하고 대화와 타협으로
문제를 풀려 노력했다"며
"고인이 대통령으로 재임하던 시기는
우리나라 경제성장 목표를 달성하는 동시에
소득분배까지 이룬 두 마리 토끼를 잡은
유일한 시기였다"고 회상했다
김 전 위원장은 노태우 정부에서
보건복지부 장관과 청와대 경제수석을 지냈다

리커창 전 중국총리 사망

시진핑 중국 국가주석의 그림자에 가린
비운의 총리이자 '미스터 쓴소리'로 알려졌던
리커창(李克强 · 68) 전 총리가 10월 27일 상하이에서
급성 심장병으로 사망했다
리 전 총리는 중국공산당 내 주요 파벌인
공청단이 일찍이 차세대 정치 스타로 육성한 인물로
후진타오 전 주석 때인 2008년 부총리를 지낸 데 이어
시진핑 체제 출범 후 2013년부터 2023년 3월까지
'중국 2인자'인 총리를 맡아
중국의 경제 정책을 총괄 지휘했다
리커창은 총리 10년 재임기간
제대로 기를 펴지 못했다
대표적인 게 경제 총수로서의 실권을
시진핑에게 빼앗긴 것이다
리커창의 삶은 두 살 연상인
시진핑과 대비되는 측면이 많다
리커창 전 국무총리의 별세소식이 전해지자
중국국민도 충격적으로 받아들이는 분위기다
"너무 갑작스럽고 충격적"이라거나
"집 기둥이 빠져버린 것 같은 느낌이다
너무 슬퍼 눈물이 그치지 않는다"며

리 전 총리를 애도하는 네티즌들의 글도
끊임없이 올라왔다
“소박하고 가식없는 총리”
“끝까지 국민을 사랑했던 총리 평안히 쉬시라”는 등
그의 행보에 대한 긍정적인 평가가 주를 이었다
중국 CCTV보도에 달린 4만여개의 댓글에도
‘붉은 촛불’과 ‘인민의 훌륭한 총리’라는 글이 이어졌다
리커창 전 총리는 지난 3월 퇴임 직전
국무원 판공청 직원들에게 작별 인사를 하면서
“사람이 하는 일은 하늘이 보고 있다”는 말을 했다
이는 무소불위의 절대 권력에 대한
경고 메시지라는 해석을 낳기도 했다

이태원 참사 1주기

10월 29일 159명이 희생된
이태원참사 1주기를 맞아
유가족과 시민들이 모인 추모대회에
윤석열 대통령 · 이상민 행안부 장관
김기현 국민의힘 대표는 참석하지 않았다
여권은 추모대회가 야당 주도 정치집회로
변질됐다는 이유를 댔다
윤석열 대통령은
서울 성북구 영암교회 추모 예배에 참석해
"지난해 오늘은 제가 살면서
가장 큰 슬픔을 가진 날"이라며
"불의의 사고로 돌아가신 분들의
명복을 빈다"고 위로했다

윤 대통령 JFK상 수상

윤석열 대통령이 미국 존 F 케네디 재단이 수여하는
2023년 '용기 있는 사람들 상'을
기시다 후미오 일본총리와 공동 수상했다
10월 29일 보스턴 JFK재단 도서관 겸 박물관에서 열린
시상식에 조현동 주미 대사가 대리 참석했다
윤 대통령은 영상으로 전한 수상 소감에서
"뉴프런티어 정신을 상징하는 '용기 있는 사람들 상'을
수상하게 돼 개인적으로 영광"이라며
"한미일 3국의 강력한 연대를 통해
세계의 자유와 평화 · 번영에 기여하겠다는
막중한 책임감을 느낀다"고 말했다
이어 "케네디 전 대통령의 통찰력이
큰교훈을 줬다"고 말했다
재단은 1990년부터 민주주의 · 인권 등
가치 수호를 위해 용기 있는 리더십을 발휘한
정치인과 관료들에게 이 상을 수여해왔다
대통령실은 "한일관계 개선에 이어
대통령 국빈방미 한미일 최초 단독 정상회의 개최
등으로 강화된 한미동맹 · 한미일 협력에 대한
미국 조야의 평가와 기대가
반영된 것으로 보인다"고 설명했다

이 상은 앞서 볼로디미르 젤렌스키 우크라이나 대통령
버락 오바마 전 미국 대통령
조지 부시 전 미국 대통령 등이 이 받았다

김포 서울 편입 추진

국민의힘이 경기도 김포시를 서울로 편입하는 법안을
의원 명의로 당론 입법하겠다고 10월 31일 공식화했다
김포 외에 구리 · 광명 · 하남시 등
서울인근 도시의 서울 편입도
적극적으로 추진하기로 했는데
이번 '메트로폴리탄 서울' 구상은
극비리에 내년 4 · 10총선 승리를 위해 준비한
'김기현 1기' 지도부의 총선 필승카드였다
김 대표를 비롯해 윤재옥 원내대표와
이철규 사무총장 · 박수영 여의도연구원장 등
극소수 지도부만 사전에 내용을 공유했다고 한다
서울 · 경기 · 인천을 합쳐 모두 121석의
수도권 의석 중 17석에 불과한 여당으로선
수도권 판세를 뒤집을 히든카드로
이에 30일 김기현 대표의 '김포 서울 편입' 발언이
나올 것으로 알고 있었던 인사는
당내에서도 극소수에 불과했다

자세 낮춘 윤 대통령

윤석열 대통령이 10월 31일 국회에서
2024년 예산안 시정연설을 두고
윤 대통령이 180도 바뀌었다는 평가가
정치권에서 나왔다
과거와 달리 야당 대표를 먼저 호명하고
'부탁'과 '감사' 등 낮은 자세를 뜻하는 표현도 자주했다
어려운 민생 현안을 여야 협치를 통해 돌파하자고 하는
윤 대통령의 의지가 반영된 것으로 풀이된다
시정연설 파격은 서두에서부터 시작됐다
우선 여당 대표를 야당 대표보다 먼저
호명하는 관례를 깼다
"함께해주신 이재명 더불어민주당 대표님
이정미 정의당 대표님
김기현 국민의힘 대표님"이라고 했다
윤 대통령은 당초 연설문 초안에 있던
문재인 정부 관련 비판문구 등도 직접 삭제했다

이승만 대통령 동상

미국 워싱턴DC 한국대사관 앞에
이승만 대통령의 동상 건립이 추진된다
한국과 미국의 정 · 재계 · 학계 인사들은
2023년 11월 2일 서울 웨스틴 조선호텔에서
'이승만 초대 대통령 동상 건립추진 모임을
발족할 예정이다
이 대통령이 한미동맹과 우호에 기여한 바를
기리겠다는 취지다
윤석열 대통령이 11월 1일
이승만대통령기념관 건립을 위한
국민성금운동에 동참하며 500만원을 기부했다
"국민의 한 사람으로서 기념관 건립의
성공을 응원한다"고 했다
9월 11일 기념관 건립을 위한 국민성금 운동을 시작해
10월 26일 약 55억 원이 모금되었다
추진위는 박정희 · 노태우 · 김영삼 · 김대중 등
전직 대통령의 아들 5명과 각계 전문가 등이 참여해
국민통합형 기구로 운영한다
대통령실은 "이승만 대통령의 독립운동은 세계를 무대로
자유민주주의 국가를 만들기 위한 건국운동이었으며
이승만 대통령이 이룩한 시장 경제체제와

한미동맹은 대한민국 발전의 초석이 됐다"고 설명했다

이승만 대통령의 양아들 이인수 박사가
11월 1일 92세로 별세했다
이승만건국대통령기념사업회는 "이인수 박사가
종로구 서울대학병원에서 영면하셨다"며
"고인은 63년간 한결같이
'아버님 선양'에 진력하셨다"고 밝혔다
기념회에 따르면 이 박사는 유언으로
"아버님께서 돌아가신 뒤 대한민국에서 정치인들이
'정치인 지우기'에 골몰했단 점이 항상 마음 아팠다"며
"생전에 이승만기념관을 세우고 싶었지만
못해서 아쉽다"는 말을 남겼다고 한다

조경태 서울편입특위장

‘수도권 주민편의 개선 특별위원회’의 위원장을 맡은
국민의힘 조경태(부산 사하을 · 5선) 의원이 11월 2일
“김포뿐 아니라 구리 · 하남 · 고양 · 부천 · 광명 등
최소한 5, 6군데는 서울로 편입해야할 것”이라고 밝혔다
국민의힘은 2024년 4월 10일 총선
수도권 1호 전략으로 내놓은 서울 경계 도시의
서울편입구상을 본격 추진하기 위해
특별위원회를 발족시켰다
조 위원장은 “수도권 위기론이 나오는 상황에서
이렇게 좋은 어젠다를 활용해
더불어민주당을 압도하고 총선 판을 흔들 것”이라고 했다
조 위원장은 도시계획을 전공한 토목공학박사 출신으로
이날 국민의힘 최고위원회에서
특위 위원장으로 임명됐다

돌아온 찐윤 이철규

국민의힘이 11월 2일 2024년 총선에 출마할
외부인사 영입을 책임질 인재영입위원장에 친윤계 핵심인
이철규 의원(강원 동해-태백-삼척-정선 · 재선)을 임명했다
이 의원은 서울 강서구청장 보궐선거 패배의 책임을 지고
사퇴한 지 19일 만에 핵심 당직에 복귀했다
당 지도부는 "전직 사무총장으로서
인재 영입활동을 오래 해왔기 때문에
업무연속성을 감안했다"고 설명했지만
당내에선 "지도부 돌려막기 인사"란 비판이 나왔다
여권에선 "친윤 핵심이 돌아온 것은
윤석열 대통령이 총선 공천키를
확실하게 쥐겠다는 의미"라는 해석이다

인요한의 희생론

인요한 국민의힘 혁신위원장은
11월 3일 "당 지도부 · 중진 · 대통령과
가깝게 지내는 의원들은
내년 총선 불출마를 선언하거나
수도권 지역 내 국민의힘 승리가 어려운 곳에서
출마할 것을 요구한다"고 말했다
사실상 당 주류 전체를 겨냥해 '희생'을 요구하면서
여권엔 격랑이 예고됐다
혁신위가 '희생과 결단'을 요구한 당내 인사는
최소 39명으로 추산된다
그리고 '2호 안건' 네 가지도 발표했나

1. 국회의원 정수 10% 감축
2. 국회의원 불체포특권 전면 포기
3. 국민 눈높이에 맞는 세비 책정
4. 현역 국회의원 평가 '하위 20%' 공천 배제 등이다

이스라엘 시가전 돌입

이스라엘 방위군(IDF)이 11월 2일
팔레스타인 무장 정파 하마스의 본거지인
가자시티로 진입해 백병전을 비롯한
본격적인 시가전에 돌입했다
지난달 7일 양측 충돌이 시작된 지 26일 만이다
IDF 공습으로 민간인 희생자가 급증하자
미국은 토니 블링컨 국무장관을 급파해
인도적 교전 중지를 압박했다
다니엘 하가리 IDF 대변인은 이날
"우리 군은 가자시티 포위를 완료했다"며
"기갑부대와 보병 · 공군이 하마스 전초기지와
본부 등을 공격하고 근접전을 통해
테러리스트들을 제거하고 있다"고 밝혔다
헤르지할레지 IDF 참모총장도
"병력이 밀집된 복잡한 도시 지역에서
전투를 벌이고 있다"며
시가전이 진행 중임을 알렸고
IDF는 육지로 연결된 가자시티의 3면을 모두 에워싸고
진격해 가자시티 중심부까지 진입했다
이날 하루 하마스 관련 시설 100여 곳을 파괴하고
하마스대원 130여 명을 사살했다고 밝혔다

대규모 공습으로 가자지구 내 팔레스타인 난민촌의
민간인 희생자가 눈덩이처럼 불어나면서
국제사회의 우려도 커지고 있다
이와 관련 유엔 인권특별보고관 7명은
"팔레스타인인들이 집단 학살의
심각한 위험에 처해 있다"며
즉각 휴전을 촉구했다
그러나 네타냐후 이스라엘 총리는 성명을 내고
"지금은 전투의 정점"이라며
"아무것도 우리를 막을 수 없다
앞으로 나아가 승리할 것"이라며
지상전을 계속 이어갈 뜻을 내비쳤다
하가리 대변인도 "휴전이란 용어는
이 순간 탁자 위에 있지 않나"고 밀했다
이에 대해 미국은 '인도적 교전 중지'카드로
이스라엘을 압박하고 나섰다

한국 대통령의 인기

한국 대통령은 세계 어디에서도 인기다
튼튼한 경제력 때문이다
윤석열 대통령은
"경제력 있는 한국 기업들 덕분"이라고 말한다
그러나 원동력이 된 1960-70년대 고도 성장은
부인할 수 없는 박정희 대통령의 업적이라는 것을
모르는 사람은 없다
그러나 당연한 이야기니까 관심이 있을 수 없고
배은망덕한 국민 소리를 들어도 무반응이다
그러다가 한 번 혼쭐이 나야
정신을 차릴까 그건 모르겠다

여당에 끌려가는 제1야당

더불어민주당이 서울 강서구청장 보궐선거 압승 후
정국주도권을 잃고 정부 · 여당에 끌려 다니고 있다
정책적으로 김포시 서울편입과 한시적 공매도 중단 등
여권이 내놓은 의제에 반응하기 급급하다
당 혁신을 두고도 국민의힘 인요한 혁신위원회가
여론의 주목을 독차지하면서
민주당의 변화 노력은 보이지 않는다
보궐선거 승리의 역효과
야당의 구조적한계 등이 원인으로 거론된다며
민주당이 자체 경쟁력을 키우기보다
여권의 실책에 따른 반사이익에 기댄 결과라는 해석이
경향신문 기사다

공매도 막자 증시폭등

공매도가 전면 금지된 첫날 국내 증시가
역대급으로 폭등했다
외국인이 주식을 사들이고
미국발 긴축완화에 대한 기대가 커지면서
원·달러 환율은 급락해 1,200원대로 내려섰다
11월 6일 코스피는 5% 넘게 올라 2,500선을 회복했고
유가증권시장에서 코스피는 전날보다
134.03포인트(5.66%) 오른 2502.37에 거래를 마쳤다
외환시장에서 원·달러 환율은 25.1원 급락한
1297.3원에 마감했다
그러나 공매도 전면금지 효과로 급등했던
주식시장이 다음날인 7일 급락했다
134P 급등 뒤 58P급락해 공매도 금지
약발 '1일 천하' 우려…

박근혜 만난 윤대통령

윤석열 대통령 박근혜 자택 방문…
"박정희 국정운영 온고지신"
박정희 추도식 이후 12일 만에
대구서 재회 1시간가량 환담했다
윤석열 대통령은 11월 7일 대구를 찾아
박근혜 전 대통령을 만나고
관변단체 행사에 참석했다
윤 대통령이 도착하자
박 전 대통령이 현관 계단 아래서
"먼길 오시느라 고생하셨다"며 맞이했다
윤 대통령이 "지난번에 왔을 때보다
정원이 잘 갖춰진 느낌이 든다"고 하자
박 전 대통령은 "오신다고 해서
잔디를 깨끗이 정리했다
이발한 거죠"라고 화답했다
이날 행보는 윤 대통령이 총선을 5개월 앞둔 시점에서
보수층 민심 잡기에 본격 시동을 건 것으로 풀이된다

윤 대통령 외교 행보

윤석열 대통령이 2023년 11월 15일부터
3박 4일 일정으로 APEC 정상회의 참석차
미국 샌프란시스코를 방문한다
윤 대통령은 18일 귀국한 뒤 20일부터
3박4일 간 3세 국왕 초청 영국을 국빈 방문한다
찰스3세의 대관식 후 영국 국빈 방문하는 해외 정상은
윤 대통령이 처음이다
찰스3세 영국국왕이 윤석열 대통령의 국빈방문을 앞두고
8일 유럽 최대 한인 거주 지역인 뉴몰든을 방문한다
영국왕실 고위 인사가 한인타운을 방문하는 것은
이번이 처음이다
찰스3세는 즉위 후 첫 킹스 스피치(국왕의 의회 연설)에서
"이달 국빈 방문하는 한국 대통령과
김건희 여사를 맞이하기를 고대하고 있다"고 밝혔다

거야 폭주 국회

168석 더불어민주당이 11월 9일
무더기 탄핵카드를 꺼냈지만 일단 불발됐다
취임 76일째인 이동관 방송통신위원장과
이재명 민주당 대표의 '대북송금 의혹' 수사를 지휘하는
이정섭 수원지검 2차장 검사와
'고발사주 의혹' 손준성 대구고검 차장검사에 대해
탄핵소추안을 냈지만 탄핵안 표결이 무산되면서다
국민의힘이 예고했던 노란봉투법과 방송3법에 대한
무제한 토론(필리버스터)을 전격 철회해
본회의가 이날 하루 만에 끝났기 때문이다
국민의힘은 필리버스터를 신청하는 대신
의원 전원이 본회의장을 '집단퇴장'하는 전략을 썼다
민주당은 본회의에 직회부했던 노란봉투법 등
쟁점 법안 4건만 15분 만에 처리했다
대통령실은 해당 법안들에 대해 대통령의
"거부권 행사가 불가피하다"고 보고 있다

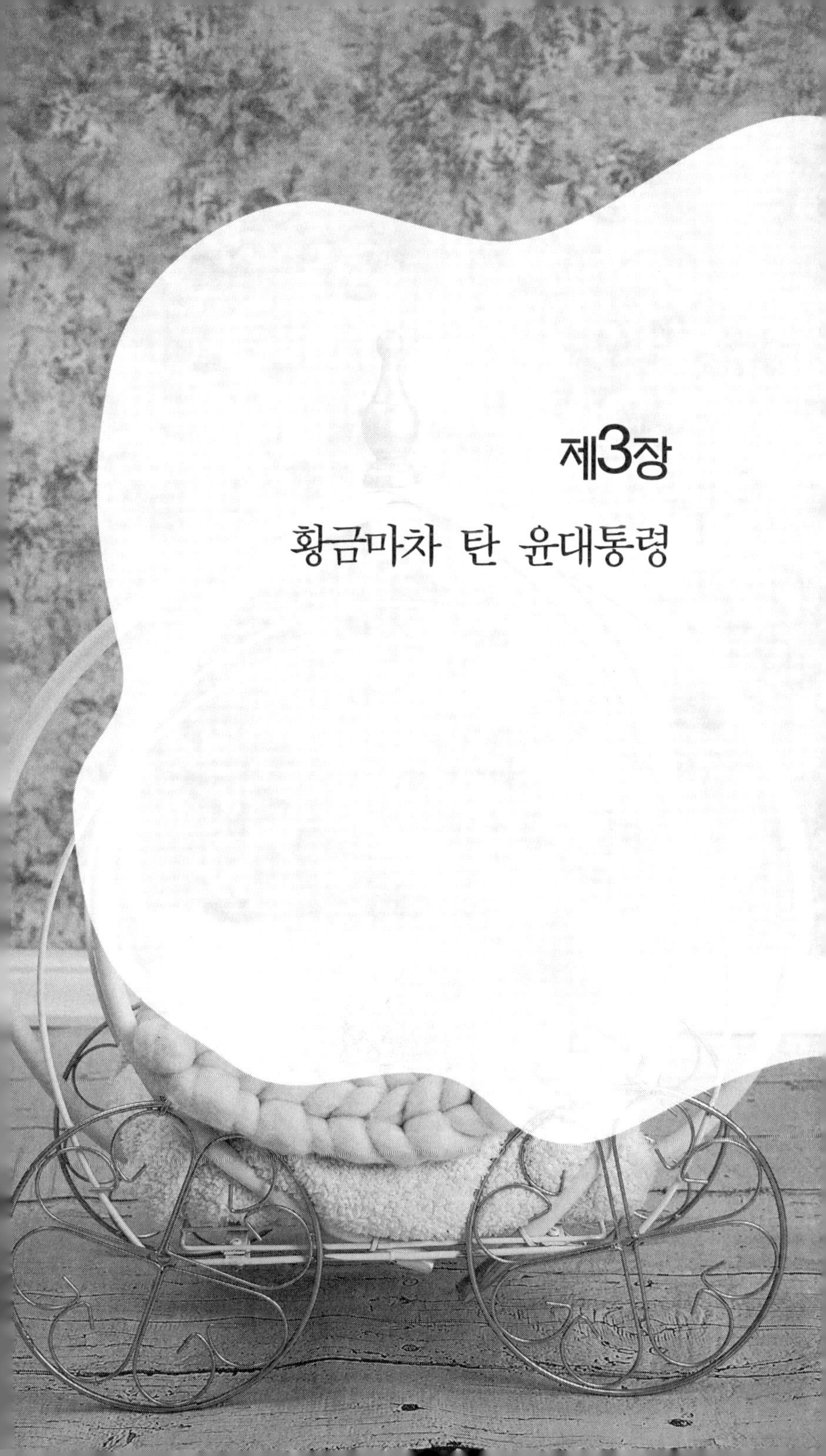

제3장

황금마차 탄 윤대통령

불법사금융과의 전쟁

윤석열 대통령이 9일 불법 사금융을 겨냥
“약자의 피를 빠는 악질적 범죄자들은
자신이 저지른 죄를 평생 후회하도록 강력하게 처단하고
필요하면 법 개정과 양형 기준 상향도
추진하라고”고 지시했다
불법 사금융에 따른 범죄수익은 철저히 환수하도록 하며
광범위하고 강력한 세무조사도 지시했다
고금리 여파로 은행의 대출 문턱이 높아진 상황에서
윤 대통령이 은행의 대출 · 이자 장사를 질타한 지
8일 만에 불법 사금융과의 전쟁을 선포하며
서민 보호에 나선 것으로 해석된나
1972년 8 · 3조치가 그것이다
이때 상호신용금고가 설립되어
지금은 저축은행으로 이름을 바꿨다
그해 10월에는 유신이 선포되었고
금년이 10월 유신 51주년이 되는 해다

이준석 · 금태섭 · 김종인

이준석 전 국민의힘 대표가
금태섭 새로운선택 창당준비위원장
김종인 전 국민의힘 비상대책위원장과 만났다
이준석도 신당 창당을 저울질하고 있는 만큼
내년 총선을 앞두고 힘을 합칠지
여부에 시선이 쏠리고 있다
이 회동은 김종인 전 비대위원장의 주선으로
이뤄진 것으로 전해졌다
그는 "두 사람이 서로 만나보고 싶다고 해서
만들어준 것"이라며 "내가 볼 때는
별다른 이견이 없는 것 같다"고 했다
또 한편 더불어민주당 비명계 이원욱 의원이
당내에 가칭 '원칙과 상식' 모임을 만든다고
11월 10일 밝혔다
비명계(비이재명)가 단합된 목소리를 내겠다는 취지로
이 모임이 탈당 · 신당 창당의 구심점이 될 수 있을지
관심이 모아지고 있다

박정희 좇는 윤 대통령

윤석열 대통령은 2023년 11월 12일
"새마을운동을 바탕으로
과거 고도성장의 대한민국을 다시 만들어내고
그 영광을 재현하자"고 말했다
박정희 대통령을 "위대한 지도자"로 호명하며
최근 보름여 간 세 차례 박정희 대통령을 공개 언급하며
전통적 보수층과의 연결고리를 강화하는 행보를 지속했다
윤 대통령은 경기도 고양시 킨텍스에서 열린
전국새마을지도자대회 '청년의 약속' 선포식에 참석해
"새마을운동이 이제 고도산업사회에서
도시 · 직장 · 산업체 혁신을 주도하는 운동으로 발전하고
이 혁신이 지구촌으로 확산해
대한민국을 글로벌 중추국가로 우뚝 서게 할 것"이라며
이같이 말했다
윤 대통령은 과거 새마을운동을 두고는
"대한민국의 그동안의 눈부신 성장과 번영은
'우리도 한번 잘살아보세'라는 국민들의 의지와
'하면 된다'는 신념이 있어 가능했다"면서
"이러한 의지와 신념을 이끌어준
위대한 지도자도 있었다"고 말했다
지난 7일 박근혜 전 대통령을 만나

"박정희 대통령 시절 국정운영을 되돌아보며
배울 점을 국정에 반영하고 있다"고 했다
현 정부를 '박정희 시대'를 잇는 정부로 부각하며
보수층과의 접점을 늘리려는 것으로 풀이된다
이날 행사까지 윤 대통령은 한국자유연맹·
새마을운동중앙회·바르게살기운동협의회 등
3대 관변단체 행사에도 참가했다

2차 AI전쟁

전 세계가 2차 인공지능(AI)전쟁을 시작했다
AI기술과 이에 필요한 반도체를 둘러싼
미 · 중의 패권 다툼이 1차전쟁이라면
이제는 AI로 산업을 혁신하고
침체된 경제에 활력을 불어 넣으려는 2차전에 들어갔다
미국은 AI기술 격차를 통해 안보와 제조업이란
두 마리 토끼를 노린다
1994년의 인터넷 혁명과
2008년 모바일 혁명을 주도한 미국은
이번 '생성 AI혁명'으로
제조 · 일자리 · 과학 · 국방의 혁신을 동시에 이루려한다
이전 두 번의 IT혁명이 소프트웨어 중심이었다면
제조업까지 결합한 이번 AI혁명은
더 포괄적이고 과감하다
인공지능(AI)이 핵을 통제할 수 없도록 막는 협의가
2023년 11월 15일 미국 샌프란시스코에서 열리는
조 바이든 미국 대통령과 시진핑 중국 국가주석의
미 · 중 정상회담에서 이뤄질 전망이다

미 3대 핵전력 활용

한미가 북한 핵무기 등
대량살상무기(WMD)에 대응하기 위해 수립한
'맞춤형 억제 전략'(TDS)을 10년 만에 처음 개정했다
개정된 북핵 억제 전략에는 대륙간탄도미사일(ICBM)과
전략폭격기 · 핵추진전략잠수함 등
미군의 3대 핵전력 등
확장억제 활용방안이 구체적으로 담긴 것으로 알려졌다
신원식 국방부 장관과 로이드 오스틴 미 국방장관이
11월 13일 서울 국방부에서
한미안보협의회의를 열고 TDS 개정안에 서명했다
2013년 처음 만들어진 TDS는 미국이 동맹국과 수립한
유일한 양자 간 전략문서다

정의선 대영제국훈장

정의선 현대차그룹 회장이
영국 찰스3세 국왕으로부터 대영제국훈장을 받았다
대영제국훈장은 영국 사회에 의미 있는 기여를 하거나
정치 · 경제 · 문화예술 등 다양한 분야에서
뛰어난 성과를 이룬 인물에게 준다
영국 정부기관이 후보를 추천하고
영국 왕실이 심사해 수훈자를 선정한다
정의선 회장의 할아버지인 고 정주영 선대회장은
1977년 같은 훈장을 받았다
현대일가(一家)로선 46년 만에
같은 영예를 누리는 것이다
정주영 선대회장은
한 · 영경제협력위원회 한국 측 위원장을 맡아
양국 교류에 크게 기여했고
현대차그룹은 1982년 첫 자동차 수출을 통해
영국에 진출했다

윤 대통령 APEC 참석

윤석열 대통령과 김건희 여사가 2023년 11월 15일
아시아태평양경제협력체(APEC) 정상회의 참석을 위해
미국 샌프란시스코로 출국했다
2박4일간 글로벌 기업인단 면담
인도태평양경제프레임워크 정상회의 참석 등의
일정을 소화한다
시진핑 중국 국가주석과의
정상회담 성사 여부에도 관심이 쏠린다
현지 도착후 동포 간담회를 시작으로
공식일정에 들어간다

점입가경의 한국정치

2024년 4월 총선이 임박하자 국민의힘은
‘김포 서울편입’ ‘공매도 한시적 금지’ 같은
대중영합적 정책을 내놓았다
선수를 빼앗긴 더불어민주당은 맞불을 놓기 시작해
이재명 대표의 수사검사 탄핵을 추진하고
‘노란봉투법’ ‘방송3법’을 쏟아냈다
시장원리를 허무는 ‘횡재세’도 거론한다
거대 의석 앞에 국민의힘은 속수무책이다
민생은 안중에도 없다
고질적 3류정치가 질주하는 동안
한국은 잠재성장률이 1%내로 떨어지는
경제 비상 상황에 직면했다
노사관계를 더 복잡하게 만들 수 있는
‘노란봉투법’은 전광석화로 국회에서 통과시키면서도
116개 민생 · 기업활력 · 경제혁신 법안은
내팽겨쳐두고 있다

송영길 전 더불어민주당 대표가 벌게진 얼굴로
한동훈 법무부 장관에게
“건방진 놈이 한참 인생선배들을 능멸하느냐”
“이노무 새끼”라고 훈계하고 폭언했다

"나라를 위해 뭘했나"
"내 용서하지 않겠다"며 윤석열 대통령도 위협했다
저급한 광기·언행에 류호정 정의당 의원은
'인간이 좀 덜됐다'며 고개를 저었다
'민주투사'에서 '인간 이하'로 추락한
송영길 정신세계는 무엇일까?
목표를 위해 폭력도 마다하지 않고
대중을 지도 대상으로 보는
사나운 레닌주의를 떠올리게 한다는 것이
한국경제 백광엽 칼럼의 이야기다
'악의 제국' 소련 건설의 사상적 기초인
레닌주의는 그 시절 86세대를 사로잡은 변혁이론이다
허황하고 삐뚤어진 서민의식이
레닌주의의 한 특질이라고 했다
레닌주의는 '한번 잡은 권력은 절대 내놓지 않는다'는
명제에 목숨을 건다
레닌주의 대표국 중국 시진핑이
경제야 무너지든 말든
장기집권제 구축에 올인 중인 것도 그래서라고 말한다

바이든 한·일 덕분에

"미국 대통령의 임무를 수행하는데
윤석열 대통령과 기시다 후미오 총리
두 분 덕분에 짐을 크게 덜 수 있었다"
조 바이든 미국 대통령은
2023년 11월 16일 미국 샌프란시스코에서 열린
인도태평양경제프레임워크(IPEF) 정상회의를 마친 뒤
가진 별도 한미일 정상회동에서 이같이 밝혔다
3국 정상은 8월 캠프 데이비드에서 구축한
포괄 협력체계를 토대로 고위급
대화 채널이 활발하게 작동하는 데 대한 만족을 표했다
안보와 경제협력이 동전의 양면이라는 데도 공감했다
대통령실 관계자는 "군사·정치·이념과 가치에서
100% 가까이 신뢰할 수 있는 관계에서
첨단기술을 공유하고 발전시켜 나갈 수 있다는
얘기"라고 설명했다

윤·시진핑 2번째 만남

윤 대통령과 시진핑 중국 국가주석은
2023년 11월 16일 APEC 세션 1회의
시작 전 회의장에서 서로 인사를 건넸다
양 정상은 악수를 한 후 잠깐 웃으며
지난해 11월 인도네시아 발리에서 열린
주요 20개국 정상회의 이후 1년 만에
다시 만나 반갑다는 인사를 주고받았다
3분가량 만남에서 윤 대통령이
"APEC을 계기로 좋은 성과를 거두기 바란다"는
덕담을 건네자 시주석은
"좋은 성과 있을 것으로 확신한다
한국과 중국이 서로 협력해 나가길 희망한다"고 말했다
윤 대통령이 "항저우 아시안게임 당시
한덕수 국무총리를 잘 맞아주고
환대해줘 감사하다"고 전하자 시 주석은
"한 총리와 멋진 회담을 했다"라고 했다

美 주도 IPEF 회의

윤석열 대통령이 미국 샌프란시스코에서 열린
인도태평양경제프레임워크(IPEF)2차 정상회의에 참석했다
한국 · 미국 · 일본 · 호주 · 뉴지랜드 등
인태지역 14개국 정상은 핵심광물의 안정적 수급을 위한
'IPEF 핵심광물 대화체'와 공급망 위기에 대처하는
'IPEF 네트워크' 등
2가지 특별 이니셔티브에도 합의했다
미중 경쟁 속 격화된 공급망 위기에 대처하기 위해
출범한 미국 주도의 경제통상 협력체인
IPEF가 본격 가동되면 인태 지역 국가의
공급망 회복력이 높아질 것으로 전망된다
IPEF 정상회의는 격년(隔年)으로 장관급 회의는
매년 열기로 합의했다

이재용 불법승계 구형

검찰은 11월 17일 서울중앙지법 형사합의
25-2부(재판장 박정제) 심리로 열린
삼성그룹경영권권 불법승계 의혹으로
재판에 넘겨진 이재용 삼성전자 회장에게
징역5년과 벌금 5억원을 구형했다
이로써 검찰이 2020년 9월 이 회장을 기소한 후
106차례 공판기일을 거쳐 3년 2개월 만에
심리가 마무리됐다
이 회장 등은 2014-2015년 경영권 승계 작업을 위해
마련한 '프로젝트G' 문건에 따라
제일모직과 삼성물산을 합병하면서
자본시장법 위반 · 배임 등으로 재판에 넘겨졌다
피고인들은 제일모직 · 삼성물산 합병은
법과 절차에 따라 정당하게 이뤄졌으며
검찰의 공소사실은 전제부터 잘못돼
설득력이 떨어진다고 반박했다
한국경제의 버팀목 삼성그룹의
경영권 불법승계 문제라…?
아이러니한 문제다

대구에 간 한동훈

한동훈 법무부 장관은
내년 4 · 10총선에 출마할 것인가?
총선을 5개월가량 앞둔
정치권에서 쏟아지는 질문이다
실제로 한 장관은 정치 참여 의사를
구체적으로 내비친 적이 없지만
이미 일거수일투족이 정치적 해석을 낳고 있다
2023년 11월 17일 대구 방문이 대표적이다
한 장관은 법무행정 현장방문 차원에서
대구 달성산업단지를 찾았는데
박근혜 전 대통령의 사저가
달성군에 위치해 있다는 점에서 화제를 낳았다
영남권 중진의원은 “신당 창당 가능성을 흘리는
이준석 전 대표가 대구 민심을 자극하는데 대한
한 장관의 견제 아니겠느냐”며
“자신이 ‘보수 적통’이란 점을 강조하는
행보로 읽힌다”고 했다
정치권에선 이날 한 장관의 대구 방문을 두고
윤석열 대통령의 정치참여 직전
행보를 떠올리는 시각도 많다

윤 대통령 영국 국빈방문

국빈 방문을 위해 2023년 11월 20일 영국으로
김건희 여사와 출국한 윤석열 대통령은
“대한민국이 영국의 글로벌 전략적 파트너로 거듭나는
기폭제가 될 것”이라고 밝혔다
윤 대통령은 영국 현지 언론과의 서면 인터뷰에서
“찰스3세 국왕의 대관식 이후 최초로
국빈 초청받은 국가 대한민국이라는 사실은
영국이 글로벌 무대에서의 협력을 위해
한국을 얼마나 필요로 하고 중요하게 생각하는지
보여준다”며 이같이 말했다
윤 대통령은 3박4일간 영국을 방문하는 동안
리시 수낵 총리와 정상회담을 하고
의회에서 영어로 연설할 예정이다

윤·찰스3세 황금마차

영국을 국빈방문 중인 윤석열 대통령이
2023년 11월 21일 영국 런던 호스가즈 광장에서
열린 공식환영식을 마치고
찰스3세 영국 국왕과 함께 황금마차를 타고
'더몰'이라 불리는 대로를 따라
1.6km 떨어진 버킹엄궁으로 이동했다
총 7대의 마차 중 백마 네 필이 이끄는
1호 '아일랜드 마차'에는 윤 대통령과 찰스3세가
2호차에는 김건희 여사와 카밀라 왕비가 함께했다
3~7호차에는 양국 장관들 한국측 수행원 등
핵심참모들이 탑승했다
영국왕실은 찰스3세 영국국왕 대관식 이후
첫 국빈자격으로 초대한 윤 대통령과
한국 수행단에 최고 수준의 예우를 했다
일리엄 왕세자 부부는 21일 공식환영식에 앞서
직접 윤대통령 부부의 숙소를 찾아 영접했다
두 부부는 환담을 나눈 뒤 자동차를 타고
공식 환영식장인 호스가즈광장까지 함께 이동했고
국빈방문에 따라 최고 예우로 41발의 예포에 이어
윤대통령 부부는 찰스3세 국왕과 왕실 근위대를 사열했다
보통 국가원수 방문 때는 21발 발사한다

영국 의장대와 군악대는
한국 민요인 아리랑을 연주했다
윤 대통령은 21일 런던의 영국 의회
로열 갤러리에서 진행한 의회연설에서
"For this frendship may so happy prove to turn
our challenges to pure opportunity
(우리의 우정이 행복을 불러오고
우리가 마주한 도전을 기회로 바꿔 주리라)
이같이 밝히자 장내에선 기립박수가 쏟아졌다
올해 양국 수교 140주년을 맞은 한영협력의
기대감을 영국 대문호 셰익스피어의 희곡
'로미오와 주릴리엣'의 한 구절을 인용한 것이다

북 정찰위성 기습발사

북한이 11월 21일 한국 전역 등을 감시할
군사정찰위성을 실은 발사체를 기습 발사했다
5월과 8월에 발사에 나섰지만 추락해 실패한 뒤
세 번째 발사를 감행한 것이다
북한이 위성을 발사하면
9.19남북군사 합의효력을 정지하겠다는 취지로
20일 우리 군이 최후 통첩성
공개 경고를 날린 지 하루만이다
영국 국빈방문 공식일정을 진행 중인
윤석열 대통령은 행사 도중
북한 군사정찰위성 발사소식을 보고받고
즉각 국가안정보장회의(NSC)를 주재했다
이런 가운데 미 핵추진 항공모함인 칼빈슨함(10만 t급)은
이날 부산항에 입항했다
2017년 이후 7년 만에 온 것으로
지난달 동급의 로널드레이건함이 입항한 기준으로
1개월 만이다

9.19군사합의 효력정지

북한이 군사정찰위성 발사 16시간 만인
11월 22일 오후 3시를 기해
군사분계선(MDL) 인근에 대북 정찰용 무인기를
전격 투입한 것으로 확인됐다
군은 동 · 서부 MDL 인근 복수 지역에서
군단 · 사단급 무인기 여러 대와
유인 정찰기들을 투입해
북한군의 장사정포 진지 동향 등에 대한
정찰 감시에 나선 것으로 알려졌다
2018년 9 · 19남북군사합의 체결 이후
5년간 이들 무인기의 MDL 접근이 원천 차단되면서
무용지물이라는 지적이 제기돼 왔다
이날 오전 8시 한덕수 국무총리가 주재한 국무회의에서
9 · 19남북군사합의의 비행금지구역 해제 조항의
효력을 정지하는 안건을 의결했다
영국을 국빈방문 중인 윤석열 대통령은 현지에서
효력정지안을 전자결제 재가했다

한 · 영 정상회담

윤석열 대통령의 영국 방문을 계기로
한국과 영국이 양국 외교 · 국방장관
'2+2회의'를 신설하고 해양 안보 정보를 공유한다
유엔 안보리 대북제재 이행의 실효성을 확보하기 위한
양국 간 공동순찰 북한 등의 역내
사이버 불법 행위에 공동 대응하는
사이버 안보 분야 '전략적 파트너십'도 체결됐다
윤석열 대통령과 리시 수낵 영국 총리는
11월 22일 정상회담을 갖고 양국 수교
140주년을 기념해 양국 안보와 경제 · 첨단
기술 · 사회 · 문화 등 전 방위에 걸친 협력을 고도화한
'다우닝가 합의(Downing Street Accord)를
채택하고 서명했다
다우닝가 합의 명칭은 윤 대통령이 직접 구상해
영국측에 제안했다
양국 관계자는 기존 '포괄적 · 창조적 동반자 관계'에서
'글로벌 전략적 동반자 관계'로 격상시켰다

윤석열 대통령의 영국 국빈방문을 계기로
영국의 에너지 기업 BP 등이 국내 해상풍력 개발사업에
총 1조5천억 원의 신규 투자를 결정했다

한 · 영 경제인 비즈니스포럼에
이재용 삼성전자 회장
정의선 현대자동차그룹 회장
구광모 LG그룹 회장
신동빈 롯데그룹 회장
김동관 한화그룹 부회장 등
국내 주요 기업인이 영국에서 광폭행보에 나섰다
윤 대통령은 축사를 통해 영국이
한국 산업화에 중요한 역할을 한 사실을 강조하면서
고 정주영 현대그룹 회장의 일화도 거론했다
"50여 년 전 현대중공업은 조선업 경험이 전무했고
자금 확보도 어려웠다"며
"당시 영국 A&P 애플도어의 롱바톰 회장은
정주영 회장이 내민 화폐 속의 거북선을 보고
이런 거북선을 만든 DNA가 있는 국민이라면
해볼만하다고 판단해 은행 차관을 추천했다"고 설명했다

북 9 · 19군사합의 전면파기

북한이 2023년 11월 23일 “9 · 19남북군사합의에 따라
지상 · 해상 · 공중에서 중지했던 모든 군사적 조치들을
즉시 회복한다”고 기습 통보했다
이틀 전 북한의 군사정찰위성 기습 발사에 대응해
우리 군이 하루 뒤 대북 정찰용 무인기를 띄우는 등
9 · 19합의 일부 효력 정지 카드로 대응하자
북한이 9 · 19합의 전면파기를 선언하며
긴장을 대폭 고조시킨 것이다
이에 23일 군 당국은 북한의 도발 가능성이
높은 휴전선 최전방 지역의 K-9 자주포 등의
화력대기태세를 격상하며 대응 태세를 강화했다
신원식 국방장관은 이날 국회 국방위원회에서
“효력정지 조치가 1조원 이익이 있다면
손실은 1원”이라고 평가한 가운데
국민의힘은 두둔한 반면 더불어민주당은
“내년 총선을 노린 정치적 결정”이라고 반발했다

파리에 간 윤 대통령

영국을 국빈 방문했던 윤석열 대통령은
11월 23일 국제박람회기구(BIE) 본부가 있는
프랑스 파리로 이동해
2030부산 세계박람회(엑스포) 유치전에 돌입했다
윤석열 대통령은 이날 런던 버킹엄궁에서
찰스3세 국왕과 작별인사를 하는 것으로
영국 일정을 마쳤다
찰스3세 국왕이 영국 일정과 관련해
"유익했느냐"고 묻자 윤 대통령은
"전통을 존중하면서 혁신을 이뤄내는
 영국과 안보 · 경제 · 과학 분야에서
새로운 협력의 장을 열게 돼 기쁘다
영국 국민 모두가 큰 도움을 받게 될 것이다
국왕께서 따뜻하고 세심하게 배려해주신 덕분"이라고
답했다고 대통령실이 전했다

윤·수낵 다우닝가 합의

윤석열 대통령과 리시 수낵 영국 총리가
11월 22일 과학기술 협력을 포함한
'다우닝가 합의'에 서명하면서
영국의 양자 기술이 주목받고 있다
양자컴퓨터 구현에 반드시 필요한 핵심기술을
영국이 여럿 보유하고 있고
한국은 반도체 제조 강국이어서
양국이 시너지를 낼 수 있기 때문이다
영국이 강점을 가진 양자기술의 대표적인
예가 '저온 냉각'이다 양자컴퓨터는
원자보다 더 작은 미시 세계의
양자 특성을 이용해 구동하는 차세대 컴퓨터로
영국은 양자 분야에 대한 꾸준한 투자와
인력양성정책 덕분에 양자컴퓨터 스타트업이
세계 1위 미국·2위 캐나다· 3위 영국·4위
유럽연합· 5위 중국으로 이어지고 있다

엑스포 유치 올인

프랑스 파리를 방문한 윤석열 대통령은
BIE(국제박람회기구) 회원국 대표단과 잇따라 접촉하며
2030부산세계박람회(엑스포) 유치를 위한
정상외교를 폈다
개최지 투표를 나흘 앞두고 정부와 민간 역량을 동원해
파리에서 막판 총력전을 펴고 있다
윤 대통령은 파리방문 둘째 날인 24일 저녁
브롱냐르궁에서 열린 국경일 리셉션에 참석
BIE 회원국 대표 등에게
2030세계박람회 부산유치에 대한 지지를 당부했다
최종개최지는 28일 파리에서 열릴 제173차 총회에서
회원국대표단의 투표로 결정된다
윤 대통령은 축사에서 "단군이 한반도에
처음 나라를 세운 이래
일제강점과 6·25전쟁을 포함한 많은 역경이 있었지만
이를 슬기롭게 극복했다"고 돌아봤다
이같은 극복의 경험을 바탕으로
"글로벌 중추 국가로서 세계의 평화와 번영에 기여하는
글로벌 책임국가의 역할을 적극 수행할 것"이라며
"2030부산세계박람회를 통해
인류의 연대에 앞장서겠다"고 말했다

국경일 리셉션은 해외공관에서 1년에 한 번
전 세계 대사 등을 초청해 벌이는 행사다
통상 개천절(10월3일)에 맞춰 열리지만
올해는 윤 대통령의 파리 방문일정에 맞춰 열었다
국경일 리셉션 행사 주제는 부산 세계박람회 주제와 같이
'세계의 대전환 더 나은 미래를 향한 항해'로 잡았다
프랑스 측 주요 인사들과 재외동포 각국대사와
BIE회원국 대표를 포함한 파리 주재 외교단 등
600여 명이 참석했다
윤 대통령은 오·만찬 일정을
BIE 대표단 초청행사로 잡아 총력전에 들어갔다
윤 대통령은 막판 유치전을 마친 뒤 25일 오전
파리를 떠나 26일 오전 귀국한다

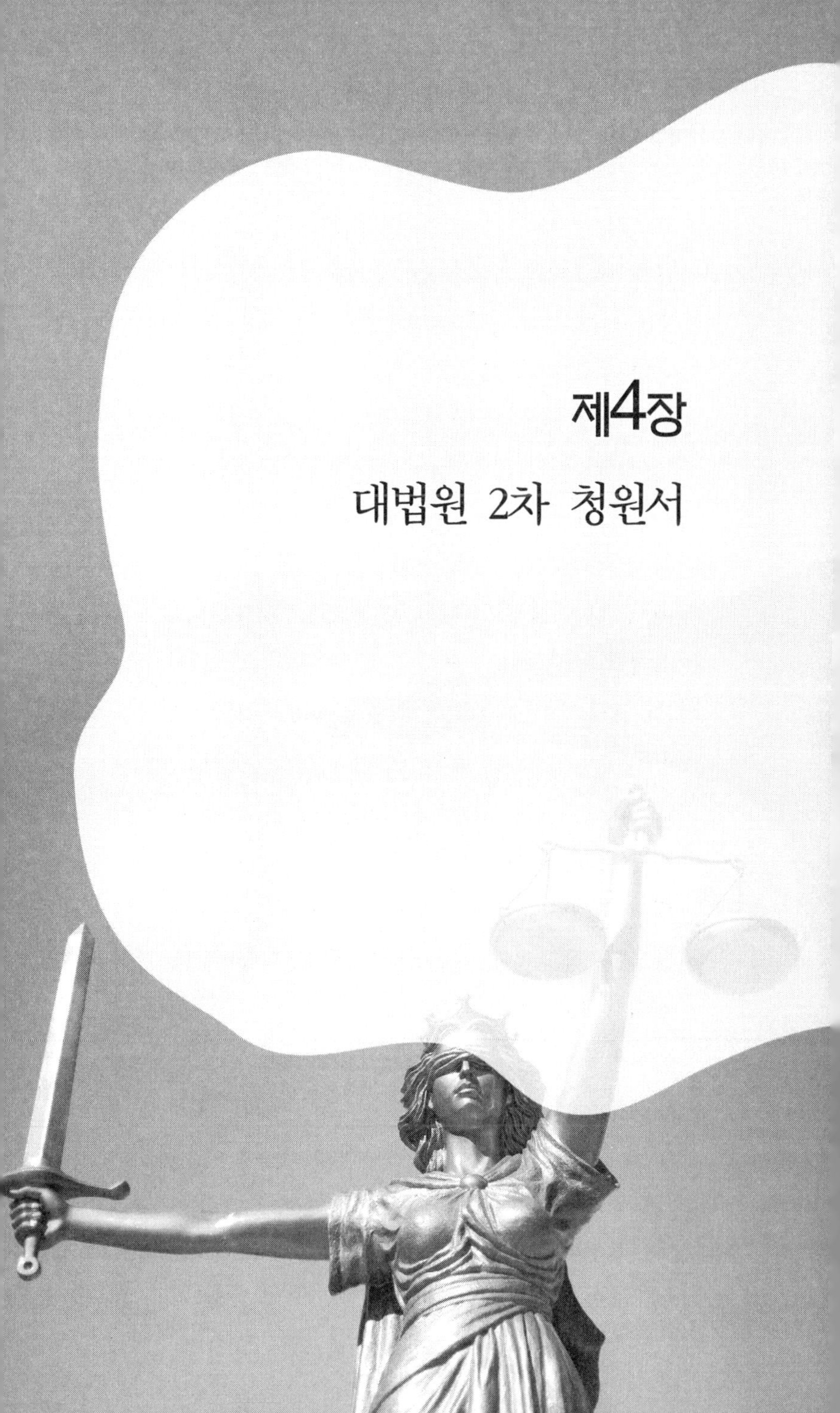

제4장
대법원 2차 청원서

대기업 총수들 파리집결

나흘 앞으로 다가온
‘2030세계박람회’ 개최지 선정 투표를 앞두고
국내 주요 대기업들이
부산엑스포의 막판 홍보활동을 펼치고 있다
삼성전자는 영국 런던 · 스페인 마드리드 등
유럽 주요 도시에서 부산엑스포를 알리는
대형 옥외광고를 진행했다
엑스포 민간유치위원장을 맡고 있는
최태원 SK그룹 회장은
“한 표라도 더 가져오기 위해 사활을 걸고 있다”며
항공기 이코노미석에 앉아있는 자신의 사진을 올렸다
LG그룹은 28일 BIE총회가 열리는 프랑스 파리에서
이달 초부터 ‘부산엑스포 버스’를 운행하고 있다
현대자동차 그룹도 지난 11-17일 미국
샌프란시스코에서 열린 APEC 정상회의에 맞춰
전기차 3종을 부산엑스포를 알리는
홍보차량으로 꾸며 운행하고 있다
이재용 · 정의선 · 구광모 등
주요 기업총수들도 모두 파리에 모였다

포성 멈춘 가자지구

이스라엘과 하마스가 11월 24일 96시간의
일시 휴전에 들어갔다
전쟁 발발 48일 만이다
하마스가 납치한 인질 50명을 석방하고
이스라엘이 팔레스타인 수감자 150명을 풀어주는
조건으로 나흘간 휴전한다
포성이 멈춘 가자지구 주민들은 안도하면서도
"영구적인 휴전이 필요하다"고 호소했다
약 15,000명의 사망자가 발생한 가자지구는
일시 휴전을 반기는 분위기이지만
그러나 이스라엘은 "향후 최소 2개월간
치열한 전투가 전개될 것"이라고 으름장을 놨다

국정원장 경질

영국 국빈방문과 프랑스 순방을 마치고
11월 26일 오전 귀국한 윤석열 대통령이
이날 오후 김규현 국가정보원장을 전격 경질했다
김 전 원장과의 갈등설이 불거진
권춘택 1차장도 경질돼 국정원 인사파동의
진원지로 지목된 지휘부가 물갈이 된 것
국정원 간부 인사를 둘러싼
국정원 내부파벌 갈등이 표면화한 지 5개월이 지나도록
갈등이 사그라들기는커녕
오히려 파벌 싸움이 격화되며 악회일로를 걷자
북한의 군사위성 발사와 대남도발 위협에도
동시 경질로 국정원이 대북 정보업무에
집중할 수 있도록 초강수를 둥 것으로 풀이된다
후임 국정원장에는 김용현 대통령경호처장
천영우 한반도미래포럼 이사장을 비롯한
복수의 인사가 거론되고 있다

이달 말부터 다음달까지 '연말 정국'에서
윤 대통령은 몇 차례의 시험대를 앞두고 있다
노란봉투법과 방송3법에 대한 거부권 행사 여부를
12월 2일까지 결정해야 한다

양곡관리법과 간호법에 이어 또 다시
거부권을 행사할 가능성이 크다
정치적 부담은 적지 않다
야당은 이동관 방송통신위원장 탄핵소추와
대장동 및 김건희 여사 주가조작 의혹
'쌍특검'도 추진 중이다
9·19군사합의 일부 효력정지 조치의
후속 관리도 예민한 부분이다
대통령실 인사 개편과 개각에도
속도가 날 것으로 보인다
내년 4월 총선에 출마하려는 대통령실 참모진과
장관들을 중심으로 교체가 가시화할 것으로 보인다

인요한 · 이준석

인요한 국민의힘혁신위원장이 11월 26일
국민의힘 서산 · 태안당원협의회(위원장 성일종)가 개최한
'청년 및 당원 혁신트레이닝' 강연에서
'반윤석열 신당'을 추진 중인 이준석 전 대표를 겨냥해
"준석이는 도덕이 없다"며
"그것은 준석의 잘못이 아니라
부모의 잘못이 큰 것 같다"고 말한 것으로 알려졌다
전직 당대표를 향해 '도덕이 없다'고 공격하고
부모까지 끌어들인 인 위원장의 발언을 두고
논란이 일 것으로 예상된다
인 위원장은 이날 강연에서
"준석이 버르장머리가 없지만
그래도 가서 끌어안는 통합이 필요하다'고 말했다
그는 이어 "한국의 온돌방 문화와 아랫목 교육을 통해
지식 · 지혜 · 도덕을 배우게 되는데
준석이는 도덕이 없다"며
"그것은 준석이 잘못이 아니라
부모의 잘못이 큰것 같다"고 말했다
인 위원장이 11월 4일 부산에서 열린 이준석
토크콘서트에 청중으로 참석하자
이준석은 연단에서 그를 '미스터 린튼'으로 호명하며

영어로 "당신은 오늘 이 자리에 올 자격을
갖추지 못했다"고 말했다
인 위원장의 영어 이름은 존 올더먼 린튼이다
당시 이준석은 인 위원장을 향해서
"진짜 환자는 서울에 있다
가서 그와 이야기하라"고 말하며
윤석열 대통령을 '환자'에 비유했다
이에 인 위원장은 이튿날 KBS와 인터뷰하면서
"환자는 부산에 있고 토크콘서트를 연
이준석을 환자에 빗댔다

최전방 긴장고조

9 · 19남북 군사합의 전면 파기를 선언한 북한이
비무장지대(DMZ) 내 감시초소(GP)를
복구하는 작업에 착수한 것으로 파악됐다
군은 상응하는 대응조치를 이행해나갈 것이라고 밝혔다
군사분계선 일대에서 남북간 군사대치가
9 · 19합의 이전으로 돌아가고 DMZ지대에서
우발적 충돌이 발생할 수 있다는 우려가 커지고 있다
윤석열 대통령은 11월 27일 귀국 후
국방부장관과 김명수 합참의장에게
북한군 관련 동향을 보고받고
"북한 동향을 빈틈없이 감시하면서
국민들이 안심할 수 있도록
확고한 군사대비태세를 유지하라"고 말했다고
이도운 대변인이 전했다

엑스포 실패 대통령 사과

당초 박빙 전망까지 나왔던 2030 엑스포 유치전에서
사우디아라비아 리아드에
119표 대 29표란 성적표를 받아든
윤석열 대통령은 11월 30일 직접 머리를 숙였다
윤 대통령은 "부산 시민뿐 아니라
우리 전 국민의 열망을 담아 민관합동으로
범정부적으로 2030년 부산엑스포 유치를
추진했습니다만 실패했다"는 말로 담화를 시작해
"이 모든 것은 전부
저의 부족함이라고 생각해달라"고 언급했다
내부사정을 잘 아는 소식통들에 따르면
"한국이 사우디에 17표 안팎으로 뒤지고 있는
박빙 판세"라는 보고를 받았다고 해
이런 보고가 윤 대통령에겐 '희망 고문'으로 작용했고
결국 국민도 정부를 통해 들었던 판세와는
전혀 다른 성적표를 받아들게 됐다는 것이다

송철호 · 황운하 징역 3년

2018년 문재인 정부 청와대의
'울산시장 선거개입'의혹 피고인들이
재판 시작 3년 6개월 만에 유죄판결을 받았다
서울중앙지법 형사합의 21-3부(부장판사 김미경
허정무 · 김정곤)는 11월 29일
공직선거법 위반으로 기소된
송철호 전 울산시장과 황운하 더불어민주당 의원
송병기 전 울산시경제부시장에게 각각
징역 3년을 선고했다
황운하 당시 울산경찰서장은
문재인 대통령의 오랜 친구로 알려진
송철호 후보의 청탁을 받고 하급자에게
김기현(당시 울산시장) 국민의힘 대표 주변에 대한
수사를 시키고 백원우 · 박형철 전 청와대 비서관은
송철호 · 송병기의 청탁으로 문주해 청와대 행정관이 만든
불법 첩보를 경찰에 전달했다는 게
유죄 이유의 골자다

김종인 찾아간 이낙연

"당내 민주주의가 질식하고 있다"고
이재명 더불어민주당 대표를 강도 높게 비판한
이낙연 전 민주당 대표가
김종인 전 국민의힘 비상대책위원장을 따로 만났다고
야권 관계자가 전했다
이낙연 전 대표가 '제3신당' 창당 가능성도
열어놓은 상황이어서
이들 회동에 정치권의 관심이 쏠렸다

이재명 최측근 법정구속

이재명의 복심으로 불리는
김용 전 민주연구원 부원장이
대장동 일당으로부터 불법 정치자금을 받은 혐의로
1심에서 실형을 선고받고 법정구속됐다
11월 30일 서울중앙지법 형사합의 23부(조병구 부장판사)는
정치자금법 위반 특정범죄가중처벌법상 뇌물 혐의로
징역 5년 및 벌금 7,000만원을 선고했다
이번 선고는 다른 대장동 관련 재판에도
영향을 미칠 것이란 게 법조계 안팎의 시각이다

외교달인 키신저 타계

2023년 11월 29일 냉정시기 미국 외교를 주도하며
대통령에 필적하는 막강한 권력을 휘두른
헨리 키신저 전 국무장관이 타계했다, 향년 100세
'핑퐁외교'를 주도하며 미 · 중관계가
전인미답이 장으로 내딛는데 기여한
키신저 전 장관은 아이러니하게도 미 · 중이
그 어느 때보다 첨예한 전략경쟁의
굴레에 빠진 시점에서 세상과 작별하였다

1923년 독일 퓌르트의 유대계 가정에서 태어난 고인은
나치의 유대인 박해가 절정에 이른
1938년 가족과 함께 15세 때 미국 뉴욕으로 이주했다
고인은 미국에서 출생하지 않은 이로선
처음으로 국무장관에 오른 사람이라는 기록을 갖고 있다
모교인 하버드대 정치학과 교수로 재직 중이던
1969년 리처드 닉슨 대통령의
백악관 국가안보 보좌관을 맡은 것을 시작으로
학자의 길에서 벗어나 현실 외교의 세계에 뛰어들었다

키신저 전 장관은 냉전이 한창이던
1970년대 핑퐁외교를 통해 '죽의 장막'으로 가려져 있던

중국과 관계개선의 물꼬를 트고
소련과 '데탕트(긴장 완화)를 조성하는 등
국제질서를 바꾸고 미국을
세계 유일의 초강대국 반열에 올린
외교의 거목이다
그는 7월에도 중국을 방문해
시진핑 중국 국가주석을 만나는 등
11월 29일 세상을 떠나기 전까지
신냉전 시대를 막기 위해
미중 긴장완화를 위한 활동을 이어왔다
시 주석은 조 바이든 미국 대통령에게 조전을 보내
애도를 표했고 가족들에게도 위로의 뜻을 전달했다

소신공양(燒身供養)

대한불교조계종이 11월 29일 경기 안성
칠장사에서 발생한 화재로 입적한
전 총무원장 자승 스님은 자기 몸을 태워
부처님 앞에 바치는 '소신공양'을 했다고 밝혔다
자승 스님이 스스로 죽음을 선택했다는 것이다
조계종 총무원 기획실장 겸 대변인인 우봉 스님은
30일 서울 종로구 조계종 총무원에서 브리핑을 열고
"자승 대종사는 종단의 안정과
전법도생(傳法度生 · 부처님 말씀을 전해
중생을 올바른 길로 인도)을 발원하며
소신공양 · 자화장(自火葬 · 스스로 화장)을 하심으로써
모든 종도들에게 경각심을 남겼다고 밝혔다
자승 스님이 세수 69세 법랍 51세로 입적한
이튿날인 이날 조계종은 안팎으로 충격에 휩싸였다
스님들과 직원들은 "도저히 이해할 수 없는 일이
벌어졌다"며 탄식했다

대법원 2차 청원서

대법원장님 귀하

사건명: 1. 서울가정법원 2020드합40696 이혼 및 재산분할

2. 서울고등법원 2022르22517 이혼 등 청구의소

3. 대법원 2023므12645 이혼 등 청구의소

4. 서울중앙지방법원 2023타경112661 부동산강제경매

채권자: 임용원(원고)

부천시 신흥로 000 0동 000호

채무자: 김제방(피고)

서울 서초구 방배로 00길 00 000호

안녕하십니까? 저는 위 사건 채무자 김제방입니다

저는 1985년 원고 임용원과 재혼, 2020년 7월 27일까지 35년간 재혼에 성공한 사람으로 자부하면서 열심히 살아왔습니다. 재혼당시 아내 임용원은 상당한 지참금(양딸 김선경과 함께 평생을 먹고 살만한 금액)이 있었습니다. 그 지참금은 저와는 아무 상관없는 돈이라고 생각하면서 35년을 부부로서 품위를 지키면서 살아왔습니다. 아내는 늘 못사는 유일한 혈족인 동생 임유자를 생각하며 자기가 이렇게 행복해도 되는지 모른겠다고 안타까워했습니다.

그러던 중 2020년 전 세계적으로 코로나19가 창궐하고 있을 때 다섯 식구가 뿔뿔이 헤어져 살던 동생 임유자에

게 시련이 닥쳐왔습니다.

40여 년 전 이혼해서 살던 제부(법적으로는 부부였음)가 그해 3월에 사망하고, 5월에는 50세 미혼의 조카딸이 사망하자 아내 임용원은 충격을 받고 괴로워하면서 동생과 같이 살겠다고 2020년 7월 27일 이삿짐을 싸가지고 나갔습니다.

저는 평소에 아내의 심중을 알고 있었으므로 그 '지참금'으로 동생과 함께 늘그막에 행복하게 살기를 바라는 마음에서 쉽게 응락했습니다. 그리고 저는 이사비용으로 2천만원과 용돈을 계속 송금하기로 약속하고 35년간 애용하던 현대백화점 배우자카드도 지참하고 나갔습니다.

아내는 나가면서 "그동안 행복했습니다. 감사합니다."라는 인사도 했습니다.

그런데 나가던 날 아내의 계획이 무산되었습니다.

이삿짐이 임유자의 강남 임대아파트로 가지 않았습니다.

이 때 아내의 양딸 김선경이 미국 시민권자로 사위 김승태는 미국 공인회계사였습니다. 이들에게는 서울에 사는 시부모의 병간호를 위해 경기도 부천시 임시 거소(트리플00 0동 000호)에 살고 있었습니다. 마침 시아버지가 5월에 돌아가시고 시어머니는 6개월 전에 돌아가셨습니다. 이들이 미국으로 돌아갈 준비를 하고 있을 때 그 이삿짐이 부천으로 옮겨간 것입니다.

그 이유는 저도 모릅니다.

아내 임용원도 김선경에게 집을 나간다는 말을 하지 않은 상태였습니다.

아내 임용원과 임유자 · 김선경 세 사람 모두에게 황당한 일이 발생한 것입니다.

그런 황당한 일이 벌어지고 약 4개월 후인, 아내 임용원은 2020년 11월 18일에 위자료 5천만 원과 자산분할 10억원 이혼소송을 해왔습니다.

그러나 아내는 서울가정법원 조사관(장보현) 앞에서 "집을 나갈 때 이혼할 생각은 하지 않았고, 위자료와 자산분할도 요청한 일이 없으며, 나는 모르는 일입니다"라고 진술한 한바 있습니다. 결국 2022년 7월 19일 서울가정법원(판사 김현정)은 기각판결을 내렸습니다.

그런데 아내는 고등법원에 상소하면서 이혼하지 않는 조건으로 3억원을 요구하였습니다. 저는 1억원 일시불에 매월 생활비 70만원을 지급하겠다고 했습니다. 고등법원(판사 김시철)에서는 합의를 도출하는 것으로 알고 있었는데, 2023년 4월 20일 의외로 이혼과 동시에 재산분할 818,000,000원을 선고했습니다.

저는 이에 불복해서 2023년 5월 24일 대법원에 상고했습니다. 대법원에서는 8월 18일 '심리불속행기각' 판결을 내렸습니다.

이와 같은 과정을 거치면서 저는 심한 충격을 받았습니다.

힘없는 국민들은 누구를 믿고 살아야 합니까? 참담할 뿐입니다.

내 나이 올해로 90입니다.

4남매와 사위 · 며느리 · 손자 · 증손자 등 20여 식구가 나를 쳐다보고 있습니다. 지금까지는 그런대로 품위를 유지해가며 살아왔다고 자부했지만, 말년에 이르러 국가권력(國家權力)의 전횡(專橫)으로 벼랑 끝에 내몰린 나의 몰골이 한없이 부끄럽고, 자식들 보기가 민망스럽습니다.

저는 이를 10월 10일 서울중앙지방법원장님께 청원서(請願書)를 제출하였습니다. 10월 11일에는 서울고등법원장님께, 10월 12일 대법원장님에게 청원서를 제출하였습니다. 그리고 10월 23일 헌법재판소에 탄원서를 발송했습니다. 그후 서울중앙지방법원 · 서울고등법원 · 헌법재판소로부터 답변서를 받았으나, 대법원으로부터는 아직 답변서를 받지 못하고 있습니다. 이제 다시 대법원에 2차 청원서를 제출하오니 살펴보시고 선처하여 주시기를 바랍니다.

강제경매를 신청한 아내 임용원과 딸 김선경 사위 김승태는 정체를 숨기고 대화를 거부하고 있습니다. 9월 15일부터 거의 매일 출근하다시피 부천엘 가지만 집을 비어놓고 아무도 없습니다. 전화 · 서신도 모두 불통입니다. 죄송합니다.

2023년 11월 29일

김 제 방

대통령실 3실 5수석

윤석열 대통령이 내년 총선을 앞두고
대폭 개각에 앞서 11월 30일
정책실장을신설하는 '3실 5수석'체제의
대통령실 2기체제를 먼저 출범시켰다
기존 2실(비서실 · 안보실)에 정책실이 신설되었다
신설된 정책실장에 이관섭(62)
한오섭 정무수석(57)
이도운 홍보수석(59)
황상무 시민사회수석(59)
박춘섭 경제수석(63)
장상윤 사회수석(53)
대통령 개편과 개각은
2030엑스포 부산 유치실패와 맞물려 그 폭이 커지고 있다
이종석 헌법재판소장(62) 후보자의 임명동의안이
30일 국회에서 통과되었고
168석의 더불어민주당이 3차례나
탄핵안을 발의한 끝에 30일
이동관 방송통신위원장에 대한 탄핵소추
강행처리에 착수하자 12월 1일 사퇴했다
윤석열 대통령도 이동관 위원장의 사표를 수리한 데 이어
지난달 국회를 통과한 '노란봉투법'과 '방송3법'에 대해

거부권을 행사했다
정치권 안팎에서는 탄핵 폭주와 거부권 악순환에 따른
여야 극한 '강대강'대치 속에
새해 예산안은 법정시한을 넘기게 됐고
민생법안과 경제활성화법안 처리도 뒷전으로 밀리는 등
민생이 실종되는 데 대한
우려의 목소리도 커지고 있다
민주당은 12월 1일 국회 본회의에서
이정섭 대전고검 검사 직무대리와
손준성 대구고검 차장검사에 대한
탄핵소추안을 단독처리했다
두 검사는 이날부터 직무정지됐다
현직검사에 대한 탄핵안 가결은 올해 9월
안동완 검사에 대한 탄핵 의결에 이어
헌정사상 두 번째다
국민의힘은 민주당 출신 김진표 국회의장이
탄핵표결을 위한 본회의를 개의한 것에 항의하며
김 의장에 대한 사퇴 촉구결의안을 당론으로 발의했다

이재명 사법리스크

더불어민주당 이재명 대표의 측근인 김용
전 민주연구원 부원장이 대장동 개발 민간업자에게
뇌물을 받은 혐의로 1심에서 징역 5년을 선고받고
법정 구속되자 민주당 내에서
'이재명 사법리스크'가 다시 수면 위로 떠오르고 있다
이 대표 구속영장 기각 이후 잠잠하던 사퇴론이
내년 총선 공천을 앞두고
비명계를 중심으로 본격적으로 재점화되고 있다
그동안 탈당 가능성을 언급했던
5선 중진 이상민 의원은
다음주 공식 탈당선언을 준비 중인 것으로 알려졌다
이 대표는 최고위 후 기자들과 만난 자리에서
자신의 사법리스크가 다시 불거지는 것에 대한
입장을 묻는 질문에 답하지 않았다

중동 7일간 휴전 끝

이스라엘과 팔레스타인 무장정파
하마스의 일시 휴전이 종료됐다
이스라엘은 하마스가 휴전협정을 파기했다며
12월 1일 공격을 재개했다
양측은 카타르 · 이집트 · 미국의 중재로
11월 24일부터 나흘간 일시 휴전에 돌입했고
이후 두 차례에 걸쳐 각각 이틀과 하루씩 휴전을 연장해
7일간 하마스가 납치했던 인질 105명과
이스라엘이 억류하고 있던
팔레스타인 수감자 240명이 풀려났다
인질 추가 석방을 놓고 이 · 하마스 이견
이스라엘 가자지구 대대적 공격 재개
가자 보건부 "휴전 종료 두 시간 만에
민간인 최소 35명 사망"을 발표했다

우리 군 최초 정찰위성

한국 첫 군사정찰위성이 궤도에 정상 진입해
지상과 교신하는 데 성공했다
한국형3축체계 중 킬체인의 역량을
획기적으로 강화할 초석을 놓은 것으로 평가된다
남북간 우주 감시 · 정찰 경쟁의 막이 올라
특히 적외선카메라가 탑재돼 있어
밤에 움직이는 북한 전력도 감시 · 정찰 임무를 수행한다
한국군의 군사정찰위성 1호기가
2023년 12월 2일 오전 3시19분
미국 캘리포니아 소재
반덴버그 미 우주군 기지에서 발사됐다

5선 이상민 민주당 탈당

이상민 더불어민주당 의원이 12월 3일
"오늘자로 더불어민주당과 결별하고자 한다"며
탈당을 선언했다
그는 입장문을 통해 "민주당은 이재명 대표체제 이후
오히려 나아지기는커녕
이재명사당 · 개딸당으로 변질되어
딱 잡아떼고 버티며 우기는
반상식적이고 파렴치하기까지 한 행태가
상습적으로 만연되었고
내로남불과 위선적 · 후안무치 · 약속뒤집기
방패정당 · 집단폭력적언동 · 무능과 무기력 · 맹종 등
온갖 흠이 쌓이고 쌓여
도저히 고쳐쓰기가 불가능한 상황"이라고 밝혔다
이 의원의 최근 발언과 행보를 보면
국민의힘 입당에 무게가 실린 것으로 분석된다

걱정거리 한국 저출산

한국의 심각한 저출산 추세가 지속되면
흑사병 창궐로 인구가 절반가량으로 급감했던
지난 14세기 유럽보다 더 빠르게
인구가 감소할 수 있다는 주장이 제기됐다
뉴욕타임스는 최근 '한국은 소멸하나?
(Is South Korea Disappearing?)'라는
제목의 칼럼에서 "지금처럼 급격한 인구
감소가 향후 수 십년 동안 지속할 거라
보진 않지만 한국 통계청의 인구추계대로
2060년대 후반에 3500만명 이하로 떨어지는
정도만으로도 한국을 위기로 몰아넣기에
충분하다"고 우려했다
"한국 사례는 다른 선진국에서도 저출산 문제가
훨씬 빠르고 심각하게 찾아올 수 있다는 걸 보여준다"며
"우리(미국)에게 일어날 수 있는 경고"라고 해
한국의 저출산율(0.78%)이 떨어지면서
점점 세계의 걱정거리가 된 양상이다

경제부총리 최상목

윤석열 대통령이
최상목 전 대통령실 경제수석 비서관(60)을
부총리 겸 기획재정부 장관 후보자로 지명하는 등
장관 6명을 교체하는 개각을 12월 4일 단행했다
윤석열 정부 2기내각이 출범하면서
국정운영 방식이 바뀔 수 있다는 전망도 나온다
김대기 대통령실 비서실장은 브리핑을 통해
6개 부처 장관 후보자를 발표했다
국가보훈부 장관 강정애(여 · 66)
농축산식품부 장관 송미령(여 · 56)
국토교통부 장관 박상우(62)
해양수산부 장관 강도형(53)
중소벤처기업부 장관 오영주(여 · 59)

고체연료 우주발사체

"'대북 킬체인'용 소형 정찰위성
우리 기술로 쏠 능력 확보"
"군 고체연료 우주발사체 3차 성공"
12월 4일 제주 인근 해상에서
우주발사체 3차 시험발사에 성공하면서
향후 다른 나라의 발사체에 의존하지 않고
대북 킬체인(선제타격용) 소형 정찰위성을
독자적으로 쏴 올릴 수 있는 능력을 실증했다
12월 2일 발사에 성공한 군사정찰위성 1호기는
미국 반덴버그 기지에서 미 민간
우주탐사기업 스페이스X의 팰컨9 로켓에 탑재됐다
또한 북한뿐만 아니라 잠재적 적국의
위협을 억지할 수 있는 대륙간탄도미사일(ICBM)과 같은
중장거리 미사일의 개발 잠재력까지도
확보했다는 평가가 나온다

제5장

악성카르텔의 원조

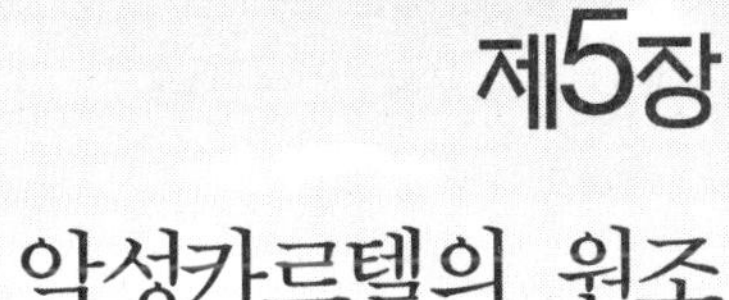

이혜원 변호사 귀하

법무법인 세온

3년여에 걸친 우리의 재판은 끝났습니다.

이제 남은 것은 뒷수습입니다. 원고 임용원과 나는 35년간을 부부로서 좋은 관계를 유지하면서 재혼도 이렇게 행복할 수 있구나할 정도로 긍정적인 평가를 받은 사람들입니다. 내가 90세까지 살아온 것도 아내의 덕이라 생각했고, 아내도 자기 수명을 72세라고 말하면서 88세까지 살고 있습니다.

그동안 불만족한 생활을 했다면 지금 우리는 이 세상에 없을 것입니다. 그만큼 우리는 원만한 생활을 했다고 자부합니다. 아마 아내도 그것은 부정하지 않을 것입니다. 그런데 왜 늘그막에 우리가 이렇듯 어려움을 겪어야 하는지, 어쩌다가 이렇게 되었는지 모르겠습니다.

지금 생각하면 재혼당시 아내의 '지참금'이 우리를 어렵게 만들지 않았나 하는 생각을 합니다. 나는 그 '지참금'을 확인하려 하지 않았고, 아내도 그것을 밝히지 않았기 때문에 그 금액은 모릅니다만, 재혼당시에 아내의 주변에서 재혼을 적극적으로 반대한 이유가 '딸 선경이하고 평생을 먹고살 만한 재산'이 있는데, 왜 재혼을 해서 고생을 자청하느냐고 반대한 것으로 알고 있습니다.

우리는 약혼했다가 파혼한 일도 있고, 파혼하면서 아내

는 낙태를 했다고 고백한 일도 있습니다. 그 후 우여곡절 끝에 우리는 재혼했습니다.

나는 살면서 그 지참금에 대해 전혀 간섭할 생각이 없었습니다.

아내도 그것을 늘 고맙게 생각하는 것 같았습니다. 아내는 나를 향해 "당신은 참으로 깨끗한 사람"이라는 말을 했을 정도였습니다.

문제는 아내의 생각이 항상 어렵게 사는 '유일한 혈육 임유자'를 떠나지 않은 것입니다. 그 '지참금'으로 임유자와 말년을 보내겠다는 그의 마음을 읽었기에 2020년 7월 27일 집을 나갈 때 그러라고 쉽게 보내주었던 것입니다. 집을 나가더라도 우리의 부부관계는 조금도 의심하지 않았습니다.

그런데 집을 나가던 날 일이 꼬이고 말았습니다.

동생 임유자 집으로 가지 못하고, 딸 김선경의 임시거소인 부천으로 가면서 이혼소송으로 비화한 것입니다. 마치 뒷걸음질 치며 '어! 어!' 하다가 물에 빠진 꼴이 되었습니다. 지난 일을 생각한다는 것은 부질없는 일입니다.

이제 재판은 끝났습니다. 문제는 뒷 수습입니다.

소송과정에서는 그랬다손 치더라도 마무리만이라도 원만하게 이뤄지길 바랍니다. 우선 대화로 풀어야 합니다. 이혜원 변호사께서는 "성공 보수를 빨리 챙기기에 바빠 날마다 강제경매 시작을 재촉해 난감하다"는 원고 측 사위 김승태의 문자메시지가 마음에 걸려서 말씀 드립니다.

2023년 8월 31일 목요일 오전 9시 36분 김승태가 보낸 문자메시지는 다음과 같습니다. “형채는 혜진이 고3시험이 중요하니 시간을 벌어 달라하고, 우리 쪽 변호사 사무실은 본인들의 성공 보수를 빨리 챙기기에 바빠, 날마다 강제경매 시작을 재촉하니, 난감하군요. 파양을 순조롭게 마무리한다고 이유라도 있어야, 변호사 사무실에 이야기 할것 이니겠어요. 현수 형채 지수 세 사람 본인들의 파양 의사 확인도 이리 번거로우니 파양신고도 또 법원을 통해 각자 변호사 비용들여가며 마무리 해야하나 참담합니다”

우리가 살고 있는 방배동 이 집은 1987년에 이사 와서 40여년을 살면서 애정이 깃든 집입니다. 내 일평생 중대한 대소사는 이 집에서 모두 치루었고, 아내 임용원과도 이 집에서 33년간 생활한 공간입니다. 특히 1989년부터 쓰기 시작한 글로 2023년 10월에 51번째 저서를 출간한 곳이 이 집입니다.

나에게는 아주 소중한 집입니다. 그런 집을 변호사 성공 보수를 받기 위해 강제경매를 재촉했다구요? 그건 너무 비정한 방법입니다.

1982년 상처하고 1985년 임용원과 재혼해, 빈자리를 채워준 고마운 사람이라는 생각으로 최대한의 관용으로 아내를 좋아한 사람입니다. 예절에 밝고 예능과 친화력도 겸비한 아내였습니다. 특히 양가의 5남매가 탈선하지 않고 반듯하게 자라준 것에 감사하고 있습니다.

어느새 세월이 흘러 이제 죽음의 문턱에 와 있는 90늙은이가 되었습니다. 아내 임용원도 88세입니다. 앞으로 얼마나 더 살 수 있을까요? 이 늙은이들을 살살 다루어주시면 해서 부탁드리는 것입니다. 우리 그렇게 막돼먹은 사람들 아닙니다.

대화를 통해 원만하게 해결할 수 있도록 주선해주세요.

나 그동안 아내를 만나려고 무진 노력했습니다. 부천엘 운동·산책코스로 정하고 출퇴근하다시피 했지만 만날 수가 없었습니다. 서신은 모두 반송되었고, 아내가 집에서 가지고 나간 핸드폰(010-6221-9862)과 중간에 바꾼 핸드폰(010-3700-3781)도 무용지물로 만드는 등 '대화'를 기피하고 있습니다. 기피라기보다는 사위 김승태에 의해 철저하게 제지당하고 있다는 느낌입니다.

35년간 부부의 애틋한 정을 생각해서라도 강제경매는 피하게 해주세요.

강제경매는 이 사람에게 씻을 수 없는 치욕이 될 것입니다. 90평생 쌓아올린 노력이 일시에 허사가 될 것입니다. 40여년을 이웃과 교류하면서 살아온 집이기도 합니다. 변호사님과 아내와 내가 한자리에 모이면 모든것을 원만하게 해결할 수 있습니다. 부탁합니다. 앞길이 창창한 이혜원 변호사님에게 실례를 무릅쓰고 이 글을 보냅니다. 혜량(惠諒)해 주시기 바랍니다.

2023년 12월 5일

김 제 방

대법원 답변서

청원 처리결과 통지

청원내용-사건번호는 특정하지 않았지만 재산분할과 관련하여 서울가정법원 · 서울고등법원 · 대법원 재판결과의 부당함을 주장하며, 이와 관련된 서울중앙지방법원 2023타경112661 부동산경매 사건에서 강제경매결정을 보류해 달라는 취지

청원처리결과와 이유-

1. 귀하의 청원은 재판에 관련된 사항으로 헌법 제103조는 "법관은 헌법과 법률에 의하여 그 양심에 따라 독립하여 심판한다"라고 규정하고 있는바, 이는 진행 중인 재판 또는 그 결과에 대하여는 누구도 개입하거나 간섭할 수 없다는 취지입니다.

2. 대법원 재판은 최종적인 것이므로 법률이 정한 특별한 경우 외에는 이에 대하여 불복을 신청할 수 없습니다. 대법원 재판에 대하여 불복을 신청할 수 있는 것으로 법률이 정하고 있는 특별한 경우로는 민사소송법 제451조(461조) 소정의 재심사이유가 있는 때의 대법원 재판에 대한 재심(준재심)의 소를 제기하는 경우와 민사소송법 제211조, 제224조의 소정의 사유가 있는 때의 대법원 재판에 대한 경정신청을 하는 경우가 있을 뿐입니다.

3. 또한 진행 중인 재판에 관련된 것은 청원법 제6조제

2호에서 해당청원을 처리하지 아니할 수 있다고 규정하고 있으므로 진행 중인 재판에 관한 소송서류, 유리한 주장 기타 재판장에게 보내는 탄원 등은 법원(재판부)에 제출하시기 바랍니다.

4. 그밖의 구체적인 법률관계에 대하여는 변호사, 법무사, 대한법률구조공단 등 유·무료의 법률상담을 통하여 도움을 받으실 수 있을 아려드립니다. 감사합니다

처리담당자-법원행정처 종합민원과 김00(02-0000-0000)

그 밖의 안내사항-「법원청원규칙」 제15조제1항제6호 청원인의 청원 취지가 재판 결과에 대한 불복인 경우에 해당하므로 청원심의회 심의를 거치지 않음

윤 대통령의 부산행

윤석열 대통령이 2023년 12월 6일
부산 엑스포 유치 불발 1주일 만에 부산을 찾았다
부산항국제전시컨벤션센터에서 간담회를 열고
엑스포 유치를 위해 노력한
기업인 · 시민대표 · 정부관계자 · 국민의힘 지도부
부산지역 국회의원 등 100여 명을 초청해
감사함을 전했다
윤 대통령은 "엑스포를 위해 추진한
지역 현안 사업은 그대로 더 완벽하게 진행될 것"이라며
"부산이 물류 · 금융 · 디지털과
첨단산업의 거점도시로 발전할 수 있도록
제도와 인프라를 구축해 나갈 것"이라고 말했다
지역 숙원사업이자 윤 대통령 대선공약인
가덕도 신공항과 산업은행 이전
그리고 북항 개발 등의 지속 추진도 약속했다
윤 대통령의 이날 방문은 부산 민심 달래기 성격이 컸다

이현령비현령

우리 사회에는 얼마 전까지도
악덕 변호사란 단어가 횡행했으나
요즘에는 생소해졌다
그 악덕이 희석되어서일까?
헌법 제103조는 "법관은 헌법과 법률에 의하여
그 양심에 따라 독립하여 심리한다"라고 규정하고 있다
이는 진행 중인 재판 또는 그 결과에 대하여
누구도 개입하거나 간섭할 수 없다는 취지다
따라서 헌법 제103조는
'전관예우(前官禮遇)'
'유전무죄(有錢無罪)' '무전유죄(無錢有罪)'
'이현령비현령(耳懸鈴鼻懸鈴 · 귀에 걸면 귀걸이
코에 걸면 코걸이)'
'재판이냐 개판이냐' 등 각종의 부조리가
생성돼 나온 조항이다
국가로부터 절대권력을 위임받은 판사가
절대권력을 휘둘러도 누구도 이를 견제하지 못하고
악성카르텔이 형성되어
때로는 칼부림이 일어나기도 한다

사우디 · UAE에 간 푸틴

우크라이나 침공 이후 미국을 위시한
서방의제재 속에 국제사회에서 고립돼온
블라디미르 푸틴 러시아 대통령이 12월 6일
사우디아라비아를 직접 찾아가
실권자 무함마드 빈 살만 왕세자 · 총리와 회동했다
푸틴 대통령은 우크라니나에 대한 전쟁범죄 혐의로
올 3월 국제형사재판소(ICC)의 체포영장이 발부된 뒤
해외순방을 자제했다
그러나 사우디 · UAE 모두 ICC 미가입국이라
'안전국가'라는 점이 고려됐다
푸틴 대통령의 중동 방문은 미국의 고립 시노에노
러시아는 여전히 곳간이 두둑한
파트너가 있다는 점을 과시하려는 행보로 보이며
여기에 러시아와 사우디 등이
올해 수차례 추가 감산에 합의했음에도
국제유가가 하락하자
대책을 마련하려는 의도도 있다고 했다

사우디와 UAE는 중동에서 '친미진영'으로 꼽혀왔다
하지만 우크라이나 전쟁과 관련해
중립적인 입장을 유지했고

서방의 대(對)러 제재에도 동참하지 않았다
특히 이스라엘과 하마스 전쟁을 놓고
미국의 이스라엘 지원에 불편한 기색도
여과없이 드러냈다
푸틴 대통령은 이런 틈을 노려 산유국들과
밀착을 시도한 것이다
중동 국가들을 끌어들이며 영향력 확대를 노리는
러시아와 달리 우크라이나는
미국의 지원을 받을 가능성이 옅어지고 있다
미 상원은 이날 우크라이나 지원 예산
600억 달러를 포함한 안보 패키지 예산안에 대해
투표를 진행했지만 찬성 49표 반대 51표로 부결됐다
조 바이든 대통령은 투표 전 백악관 연설에서
"공화당 의원들은 푸틴 대통령에게 최고의
크리스마스 선물을 주려 한다"며 승인을 촉구했었다

개딸권한 강화한 민주당

더불어민주당이 12월 7일 중앙위원회에서
권리당원 권한을 강화하는 내용의 당헌개정안을 의결했다
개정안은 전당대회에서 대의원과 권리당원 간
표 비중을 현행 60대1에서 20대1로
변경하는 내용이 핵심이다
비명계가 "나치정당"이라는 표현까지 써가며 반발하면서
친명 · 비명 간 전면전이 벌어졌다
이낙연 전 대표는 민주당에 대해
"이제 뭘 할 수 있겠나 별 기대는 안한다
양당 모두 싫다는 국민께
대안을 제시하는 게 정치의 의무"라며
새로운 전국정당을 시사했다

정세균계로 분류되는 이원욱 의원은
"여태까지 정치를 해오면서 가장 민주주의가 실종된
정당의 모습을 보이고 있다"고 했다
이낙연 전 대표에 이어 정 전 총리까지
이재명 대표 민주당에 비판을 쏟아내면서
김부겸 전 총리까지 결합한
'3총리 연대설'이 다시 주목받게 됐다
한편 이해찬 전 민주당 대표는 세종시당 간담회에서

"내년 총선에서 수도권 70석만 얻어도
최소 154석은 될 것"이라고 전망해
당 안팎에서는 "대세론 · 낙관론을 꺼내는 순간
필패"라는 우려의 목소리가 나오고 있다

혁신위 조기 해산한 여당

인요한 혁신위원장이 이끈 국민의힘
혁신위원회가 지난 10월 26일 출범한
지 42일 만에 '빈손'으로 해산했다
활동시한 12월 24일보다 빠른 해산이다
인 위원장은 12월 7일 혁신위 회의를 마치고
"사실상 오늘 혁신위 회의를 마무리한다"며
"국민이 뭘 원하는지 잘 파악해서
우리는 50% 성공했다고 생각한다"고
해산을 선언했다
그러면서 "나머지 50%는 당에 맡기고
기대하면서 조금 더 기다리겠다"고 했다
인 위원장은 회의에서
"정치가 참 어렵다"면서도
"이순신과 하나님은 같은 말을 하셨다
생즉사 사즉생(生卽死 死卽生 · 살려고 하면
죽을 것이고 죽으려고 하면 살 것이다)"라며
소회를 밝혔다고 한다
그러면서 "개각을 일찍 단행해
좋은 후보가 선거에 나올 기회를 주셔서
대통령께 감사한 마음을 표한다"고 운을 뗀 그는
"두 번째는 김 대표님께 감사하다는 말씀을 드리고 싶다

정치가 얼마나 험난하고 어려운지
이렇게 알아볼 기회를 주셔서 많이 배우고 나간다"고했다
당 관계자는 전권을 준다고 해놓고 회생 권고는 묵살한
김기현 대표에게 서운한 감정을
반어법으로 표현한 것 아니냐"고 했다
인 위원장은 이날 오후 국회의원회관에서
안철수 의원과 만나 혁신위 활동에 대한
아쉬움을 털어놓기도 했다
안 의원은 회동 뒤 취재진들에게
"혁신은 실패했다고 본다"며
"저도 인위원장도 치료법을 각각 제안했지만
환자가 치료를 거부했다"고 말하면서
"이젠 김기현 대표와 당 지도부가
답을 내놓을 차례"라고 했다

조희대 대법원장

조희대 대법원장 후보자 임명동의안이
2023년 12월 8일 국회를 통과했다
김명수 전 대법원장이 9월 24일 퇴임하고
이균용 대법원장 후보자 임명동의안이
10월 국회에서 부결되면서
사법부 수장 공백사태가 지속된지 75일 만이다
국회는 이날 본회의에서 윤석열 대통령이
거부권을 행사한 노란봉투법 · 방송3법 개정안을
다시 표결에 부쳤지만 재석의원 3분의2 이상
찬성요건을 충족시키지 못하고 부결됐다
신임 조희대 대법원장 앞에 놓인 당장의 숙제는
대법원장 부재 때문에 미뤄진 업무지만
진짜 과제는 지난 6년의 '김명수 코트(법원)'가 쌓은
사법불신을 해소하는 것이라는 요지의
중앙일보 사설이다
응답자의 81.2%가 '재판이 공정하지 않다'에
동의한 여론조사라고 했다
조 대법원장은 야당 의원의 입에서
"인품도 훌륭"등의 칭찬이 잇따랐다고 했다

한화 3.2조 잭팟

한화에어로스페이스가 미국 · 영국 · 독일 등
방산 선진국을 제치고 호주 정부로부터
장갑차 수주를 따내는 데 성공했다
폴란드와의 K-9자주포 수출 계약에 이어
연달아 '수주 잭팟'을 터뜨린 것이다
한화에어로스페이스는 호주 국방부와
미래형 궤도 보병전부장갑차량인
레드백 129대를 3조1,649억 원에 공급하는 계약을
12월 8일 발표했다
호주 빅토리아주에 건설 중인 현지 공장에서
장갑차를 제조할 계획이다
내년부터 루마니아 · 말레이시아 · 캐나다
폴란드 · 필리핀 등에서 추가 방산 수주가
예상돼 수주 잔액은 더 불어날 전망이다

윤 대통령 네덜란드 국빈방문

윤석열 대통령은 김건희 여사와 함께
2023년 12월 11-15일 한국의 유럽 제2교역국이자
반도체 강국인 네덜란드를 국빈 방문한다
빌럼 알렉사더르 국왕 부부가 주관하는
공식 환영식 및 왕궁 리셉션 · 친교오찬 및
국빈 만찬뿐 아니라 마르크 뤼터 총리와의 단독면담 및
정부 오찬을 소화할 예정이며
헤이그 리더잘에 있는 이준(李儁) 열사기념관도 찾는다
이재용 삼성전자 회장
최태원 SK그룹 회장 등도 동행한다
윤 대통령은 "반도체는
한국-네덜란드 협력관계의 중심축"이라며
"세계 반도체산업의 안정적이고 지속가능한 성장은
양국 모두의 핵심이익과 직결된다"고 말했다

한동훈의 정치도전

대상홀딩스우라는 생소한 주식 종목이
12월 7일 연속 상한가를 찍었다
정치 데뷔를 앞둔 한동훈 법무부장관이
서울 현대고 동기인 배우 이정재와 함께
식사를 한 뒤였다
이정재의 여자친구가 이 회사의 2대주주 오너라고 한다
여당의 구원투수로 50세의 한 장관이 나서지
않을 수 없는 정치적 지형에서 한국 갤럽이
차기 지도자 선호도 조사 결과에서 한 장관은
16%로 여권 1위로 조사돼
19%의 이재명 더불어민주당 대표를 턱밑까지 추격했다
여권의 다음은 홍준표 4%
오세훈 · 이준석 · 원희룡 각각 2%
유승민 1% 순이다
지난 대선에서 외부의 '정치신인 윤석열'을 영입하며 가
까스로 여당이 된 국민의힘은
강서구청장 보선 참패 이후 총선의 구원투수조차
밖에서 기대하는 자생력의 바닥을 드러내고 있다

조희대 대법원장 취임사

"법원은 국민의 신뢰를 받기 위해 재판
제도와 사법행정에 걸쳐 다양한 노력을 기울여 왔지만
아직 많이 부족한 것이 사실입니다"
조희대 신임 대법원장은 12월 11일 오후
서울 서초구 대법원에서 열린 취임식에서
이렇게 말하며 고개를 숙였다
"사법부는 기본권을 수호하는 최후의 보루"라며
사법부의 역할을 강조했다
"불공정하게 처리한 사건이 한 건밖에 없다는 게
자랑거리가 아니라 그 한 건이
사법부의 신뢰를 동째로 무너지게 할 수 있다는 걸
명심해야 한다"며 법관들의 각성을 촉구했다

장제원 불출마 선언

국민의힘 친윤계 핵심 장제원(3선 · 부산사상) 의원이
친윤 중 처음으로 12월 12일
내년 총선 불출마를 공식 선언했다
윤석열 정부 출범의 최대 공신으로 꼽히는 그는
지난해 8월 '윤핵관' 논란이 일자
"어떤 공직도 맡지 않겠다"며
2선후퇴를 선언했고
올해 3 · 8전당대회 이후에는
"빈 배처럼 가겠다"며 당직도 거부했다
그런 그가 "또 한번 백의종군의 길을 간다"며
세 번째 용퇴를 택한 것이다
그는 "윤석열 정부의 성공보다 절박한 것이
어디 있겠느냐 제가 가진 마지막 공직인
국회의원직을 내어놓는다"고 했다
이어 "버려짐이 아니라 뿌려짐이라고 믿는다"며
"부족하지만 저를 밟고 총선 승리를 통해
윤석열 정부를 성공시켜 주시길 부탁한다"고 당부했다

한·네덜란드 기술동맹

네덜란드를 국빈방문 중인 윤석열 대통령이
12월 12일 이재용 삼성전자 회장
최태원 SK그룹 회장과 함께
세계 유일의 반도체 극자외선(EUV) 노광장비 생산 기업인
ASML 본사의 '클린룸'을 방문했다
윤 대통령은 반도체 시장의 '게임체인저'로 불리는
2nm 공정 기술력을 갖춘 ASML의 노광장비를 시찰했다
최첨단 파운드리 공정인 2nm 기술 우위를 차지할 경우
660조 원대 시장을 선점할 수 있다는
분석이 나오는 가운데 대만의 TSMC가 우세한 것으로
평가되는 2nm 기술 추격을 위해
대통령과 핵심 반도체 기업 총수들이 머리를 맞댄 것이다
윤 대통령은 이날 빌럼 알렉산더르 내덜란드 국왕
페터르 베닝크 ASML 최고경영자
이재용 회장·최태원 회장과 함께
펠트호번에 있는 ASML을 방문해
"반도체산업 혁신과글로벌 공급망 안정을 위해
양국의 긴밀한 협력을 당부한다"고 밝혔다
해외순방에서 윤 대통령의 첫 기업 방문이자
굴지의 기술력을 확보해 '수퍼을'로 불리는
ASML의 핵심 시설이 외국 정상에게

공개된 것은 처음이다
삼성전자는 ASML과 공동으로 1조원을 투자해
차세대 반도체 기술연구개발센터 설립 MOU를 체결하고
초미세 제조 공정을 공동 개발하기로 했으며
SK하이닉스는 ASML과
EUV 수소가스 재활용 기술 공동개발 MOU를 체결했다

김기현 대표직 사퇴

김기현 국민의힘 대표가
12월 13일 대표직을 사퇴했다
윤석열 대통령의 전폭적인 지원으로
올 3·8전당대회에서 '김·장연대'로 불린
친윤 핵심 장제원 의원의 불출마 선언에 이어
김 대표가 중도하차하면서
여권의 물갈이 폭이 커질 전망이다
대표직에 선출된 지 약 9개월 만이다
김 대표의 사퇴로 국민의힘은 이준석 전 대표에 이어
두 번 연속 대표가 중도 하차하게 됐다

같은 날 이낙연 전 더불어민주당 대표는
새해 초 신당을 창당하겠다는 의사를
공개적으로 표명했다
총선을 119일 앞두고 현직 여당대표의 사퇴와
전직 야당대표의 신당창당 선언이
동시다발적으로 맞물리면서
정국이 급속히 변화의 소용돌이 속으로
빠져드는 양상이다

한 · 네덜란드 정상회담

한국과 네덜란드가 '반도체동맹'을 공식 명문화했다
국가안보 분야 동맹 수준으로
경제안보 분야인 반도체 문제에서
평상시 긴밀히 협력하고
공급망 위기 시 공동대응에 나서겠다는 것이다
윤석열 대통령은 마르크 뤼터 총리와
12월 13일 헤이그 총리 집무실에서 정상회담을 하고
이런 내용이 중심이 된 공동성명을 발표했다
반도체 동맹 구축을 위해 정부는
반도체 대화 채널을 신설하고
핵심 품목 공급망 협의체 구성을 추진하기로 했다
양국은 연례 '경제안보대화'를 신설하는데
특히 양국 산업당국은 반도체 정책을 조율하기 위한
'반도체 대화' 기구를 따로 두기로 했다

김철식 변호사 귀하

법무법인 봄

안녕하십니까? 지난 11월 28일 법무법인 봄 사무실에서 김 변호사님과 상담을 마치고 돌아와서 11월 29일 대법원에 2차청원서(별첨1)를 제출하였고, 12월 5일에는 원고 임용원의 변호인 법무법인 세온 이혜원 변호사에게 서신(별첨2)을 발송했습니다. 그 결과 12월 6일 대법원 청원처리결과 통지(별첨3)를 접수하였으나, 이혜원 변호사는 우편물 수취 거부로 12월 14일 반송되어 왔습니다.

제가 할 수 있는 부동산 강제매각 지연 및 취소 노력은 여기까지로 한계에 도달했습니다. 이제 남은 것은 김 변호사님의 역할을 기대하면서 글을 올립니다.

대법원 청원처리결과 통지서에는

"대법원 재판에 대하여 불복을 신청할 수 있는 것으로 법률이 정하고 있는 특별한 경우로는 민사소송법 제451조(제461조) 소정의 재심사유가 있는 때의 대법원 재판에 대한 재심의 소를 제기하는 경우와 민사소송법 제211조, 제224조의 소정의 사유가 있는 때의 대법원에 대한 경정신청을 하는 경우가 있을 뿐입니다" 또한 진행 중인 재판에 관련된 것은 청원법 제6조제2호에서 해당청원을 처리하지 아니할 수 있다고 규정하고 있으므로 진행 중인 재판에 관한 소송서류, 유리한 주장 기타 재판장에게 보내는 탄원서 등은 법원(재판부)에 제출하시기 바랍니다."

그밖의 구체적인 법률관계에 대하여는 변호사, 법무사, 대한법률구조공단 등 유·무료의 법률상담을 통하여 도움을 받으실 수 있음을 알려들입니다."라고 했습니다.

김 변호사님께서는 별첨 4건 자료 등을 종합적으로 검토하시고 '재심의 소' 또는 '경정신청' 등에 대해 해법을 알려 주셨으면 합니다.

1·2심 소송과정에서 아내 임용원의 뜻이 반영되지 않은(누군가의 강압에 의한 통제로) 결과로 진행되었다는 생각에서 드리는 말씀입니다만 가급적이면 '재심의 소'를 기대하고 있습니다. 감사합니다.

별첨: 1.대법원 2차 청원서

2.이혜원 변호사에게 보낸 서신

3.대법원 청원처리결과 통지

4.대법원 상고 이유서

2023년 12월 14일

김 제 방

김밥 넘어 국밥

미국에서 김밥의 인기가
하늘 높은 줄 모르고 치솟고 있다
더욱이 냉동김밥이다
미국 마트 트레이조라는 곳에서 선보였는데
한국 중소기업 '올곧'이 수출해 대박을 내더니
이제 국밥이 바통을 받을 모양이다
12월 13일 NYT가 '올해 뉴욕 최고의 요리 8선에
한식당 '옥동식'의 돼지곰탕을 선정했는데
뉴욕시 34,000여곳 레스토랑 메뉴 중
'국밥'이 뉴요커의 여덟 손가락 안에 든 것이다
국밥의 사전 의미는 끓인 국에 밥을 만
음식을 통칭하는데 설렁탕 · 곰탕도 밥을 말면 국밥이고
순댓국 · 선짓국 · 해장국도 마찬가지다
부산 돼지국밥 · 곤지암 소머리국밥 · 전주 콩나물국밥은
아예 고유 이름까지 얻었고
K컬처 열풍에 올라탄 한식 세계화가 이제 탄력을 받아
일식 · 중식의 인기를 넘어설 날도 머지않았다고 한다

눈이 내린다

2023년 12월 15일 고향 포천시엘 가기로 했는데
아침부터 부실부실눈이 내린다
이동면(二東面) '갈비 생각'이라는 음식점에서
종친회 고문 · 임원진의 송년회가 있었다
새로 지은 웅장한 기와집이다
이동면에 들어서니 딴 세상 같았다
인접 지역과 달리 산과 들이 온통
설국(雪國)의 하얀 세상이다
미국에 있고 한국인이 사는 나라면
어느 곳에도 있는 '이동 갈비'
'이동 막걸리' 그 맛과 명성은
어디서 나오는 것일까?

변호사 사회

로펌의 '서울 쏠림 현상'이 심회화되고 있다고 한다
지방 사건인데도 서울의 로펌과
법률사무소에 사건을 맡기는 의뢰인이 늘고 있어서다
서울에 우수한 변호사들이 몰려 있다는 생각에서다
서울에서 사건을 수임하기가 비교적 수월하다고 판단한
변호사들의 서울행도 점차 늘고 있다
2023년 12월 17일 대한변호사회에 따르면
서울에서 영업을 등록한 변호사는
지난 10월 기준 25,995명이다
2020년 22,050명과 비교하면 3년 새 3,945명 늘었는데
지방에는 변호사가 한 명도 없는 지역이 늘고 있다
특히 변호사사회는 빈부격차가 극심하고 치열한 경쟁으로
한국 최고 엘리트층이 고달픈 것 같았다
고달프니 인심도 각박(刻薄)해지는 것 아니겠는가?

처음엔 길이 아니었다

1973년 생 한동훈
국민의힘 비상대책위원장으로 유력하게 거론되는
법무부 장관이 12월 19일
"세상의 모든 길은 처음에 길이 아니었다
많은 사람들이 같이 가면 길이 되는 것"이라고 말했다
"정치 경험이 없다"는 일각의 비판에 맞선 것이다
이날 발언을 두고 국민의힘은
"비대위원장 직 제안이 오면 마다치 않겠다는 의미"라는
해석이 나왔고 한 장관은
"진짜 위기는 경험이 부족해서가 아니라
과도하게 계산하고 몸 사릴 때 오는 경우가
더 많았다고 생각한다"며 이렇게 말했다

송영길 구속

2021년 더불어민주당 전당대회 '돈봉투 살포' 의혹의
핵심 인물인 송영길 전 대표가 구속되자
민주당은 당혹감 속에 후속 수사가 미칠
파장을 예의 주시했다
내년 총선이 넉 달도 채 남지 않은 시점에서
전·현직 당 대표의 '사법 리스크'를 떠안은
민주당 내부에선 겹악재를 우려하는 위기감이 감지됐다
당 일각에선 송 전 대표 구속영장을 발부한
영장 전담 판사가 유창훈 부장판사라는 점 때문에
대응에 나서기 어렵다는 시각도 있다
유 판사가 지난 9월
이재명 대표의 구속영장을 기각했을 때 당시
권칠승 민주당 수석대변인은 논평을 통해
"영장 기각은 야당 탄압과 정적 제거에 혈안이 된
윤석열 검찰독재 정권에 경종을 울린 것"이라며
"사필귀정"이라는 입장을 밝혔었기 때문이다

배 12척 맡겨보자

윤재옥 국민의힘 원내대표 겸 당대표 권한대행은
12월 20일 비상대책위원장 인선에 대해
"오늘 사실상 의견수렴 과정을 마무리할까한다"고 밝혔다
상임고문단 오찬에서
한동훈 비대위의 대한 대세 여론을 재확인하면서
더 이상의 의견수렴 과정은 의미가 없다고
판단한 것으로 보인다
1973년생으로 서울 강남 엘리트 검사 출신인
한동훈 법무부 장관에게
"선거가 몇 달 남지 않은 시기엔 배 12척을
한 장관에게 맡겨보자는 중지가 모였다"고 밝혔다
'배12척'의 의미에 대해선
"지금 우리 당 상황이 임진왜란 상황과 같다
이순신을 아껴서 무엇하냐"고 부연했다
신영균 상임고문단 명예회장도
"걱정하는 사람도 일부 있었지만 결론은 대세를 따르고
힘을 보태자는 쪽으로 모였다"고 말했다
이날 간담회에는 신영균 · 김종하 · 김동욱
목요상 · 신경식 · 유준상 · 유흥수 · 나오연 · 김용갑
황우여 · 이윤성 · 권철현 · 최병국 · 문희 상임고문 등
14명이 참석했다

여권 일각의 '한동훈 비토론'도 잠잠해졌다
"이미 굳어졌는데 구태여 말을 보태 무엇하느냐"
"시간도 대안도 없는 건 사실"이란 분위기다
미온적이던 원내 지도부 관계자도
"한 장관 본인이 의지를 드러냈으니
똘똘 뭉쳐야 한다"고 말했다
이제 정치권의 시선은
'정치인 한동훈'의 행보에 모이고 있다

비대위원장 한동훈

한동훈 법무부 장관이 2023년 12월 21일
위기에 빠진 국민의힘의 구원투수로 등판했다
윤석열 정부의 최연소 국무위원에서
50대 여당 대표로 타이틀을 바꿔달게 된 한 장관은
2024년 4 · 10총선을 지휘하게 된다
한 장관은 21일 윤재옥 국민의힘 대표 권한대행의
비대위원장직 제안을 수락 직후
윤석열 대통령에게 장관직 사의를 밝혔다
그는 이임식에서 추대 수락의 이유를
"동료 시민들의 삶이 조금이나마 나아지게하고 싶었다
특히 서민과 약자의 편에 서고 싶었다
그리고 나라의 미래를 대비하고 싶었다"라고 말했다

86세대의 끝자락

2023년이 저물어가고 있다
86세대도 저물어가고 있다
86세대 정치인의 퇴진이 가까워진다
86세대의 정치적 자산인 '도덕적 우월감'이
송영길 전 더불어민주당 대표의 구속으로
완전히 깨져버렸다
86세대의 가장 큰 문제점은
실력에 비해 과잉 대표됐다는 점이라고
중아일보 칼럼 윤석만의 '시선'이 지적하고 있다
17대부터 21대 총선까지 86세대 국회의원 당선자는
59-68-105-132-174명으로 늘면서
이들은 20년 동안 민주당 주류로 행세하며
한국 정치를 과점했다
1980년대 이들의 목표는 '독재타도' '반미자주'였지
제도로서의 민주주의를 뿌리내리는 것과는 거리가 멀었다

'돈벌이의 어려움을 모르는 민주건달'이란 표현처럼
86세대는 용역깡패가 압도적 물리력으로
철거민을 몰아내듯 의회에서 다수파의 전횡을 일삼았다
송영길 전 대표의 구속 사건에서 보듯
한때 자산이었던 '도덕적 우월감'마저 사라졌고

그 대신 남은 건 한동훈 전 법무부 장관을 향해 내뱉은
'건방진 놈' '어린 놈' 같은 막말과
명백한 혐의가 나와도 결백을 주장하는 뻔뻔함 뿐이다
세상이 변했지만 86세대는 여전히 운동권 시절의
교조적 이념과 그릇된 세계관에 갇혀있다
"파시즘의 유산은 그와 싸운 이들의
내면적 파시즘을 남긴 것"이라는
베르톨트 브레히트의 말처럼 86세대는
여전히 피해의식과 자기연민에 사로잡혀
타인에 대한 폭력을 정당화한다
자기변명으로 가득한 자서전으로 지지층을 쇠뇌하고
검찰 같은 거악을 설정해 투쟁과 희생의 서사를 만든다
이제 그만할 때도 됐다고 했다

이런 상황에서 한동훈 등판이 변수가 됐다
야권 안팎에선 정청래류의
'한나땡(한동훈 나오면 땡큐) 주장도 있지만
알 수 없는 불길한 기운의 엄습을 경계하는 기류도 있다
국민의힘 한동훈 비대위의
성공 여부를 판단하긴 이르지만
분명한 건 4·10총선이 '윤석열 대 이재명'의 구도가 아닌
'한동훈 대 이재명'의 구도로 재편되는 양상이란 점을
동아일보 정용관 칼럼이 지적하고 있다
내년 대통령 초청 신년인사회 때 언론의 투샷도

윤 대통령과 이재명 대표가 아니라
한동훈 비대위원장과 이 대표에게 집중될 것이다
정치 경험이 없는 X세대
술을 안 마시는 초엘리트 검사 출신
검은 안경테에 옷 잘 입는 패셔니스타
여러모로 대척점에 있는 아홉살 위의
이재명 대표 영상으로 보여지는
둘의 이미지 호감도를 비교하려는 건 아니지만
한동훈 비대위원장은 난타전도 마다않는
'공격형'의 면모를 보일 것이고
이재명 대표가 어떻게 대응할 것인가도
관전 포인트라고 했다
분명히 짚고 넘어가야 할 것은 이재명 대표가
지난 1년 이상 민주당을
자신의 서바이벌 수단으로 활용해 왔다는 사실이다
제1야당은 공화제의 바탕이 되는 국가 시스템의 축으로
공당(公黨)의 역할을 혼동하고
존재 가치를 훼손한 이재명 대표의 책임도 크다
'이재명당' '개딸당' 색이 바랠 대로 바랜
'86운동권당'이라고도 했다

한동훈 총선사령탑

2023년 12월 26일 한동훈 국민의힘 비상대책위원장이
취임 일성으로 내년 총선 불출마를 선언하면서
“운동권 특권정치 청산”을 역설했다
한동훈 위원장은 이날 여의도 당사에서 취임식을 갖고
“저는 지역구에 출마하지 않고
비례대표로도 출마하지 않겠다”고 밝혔다
이어 “오직 동료 시민과 나라의 미래만 생각하면서
승리를 위해서 용기있게 헌신하겠다”고 했다
저부터 선민후사(先民後私)를 실천하겠다”고
다짐하면서다
이날 전국위원회에서 96.4%의 찬성률로
비대위원장에 최종 임명된 한 위원장은
‘불출마라’는 정치적 승부수를 던지면서
이재명 더불어민주당 대표를 정면으로 겨냥했다
“이재명 대표의 더불어민주당이 운동권 특권세력
개딸 전체주의 세력과 결탁해
나라를 망치는 것을 막아야 한다”며
“민주당을 숙주 삼아 수십 년간
386, 486, 586, 686이 되도록
대대 손손 국민 위에 군림하고 가르치려 드는
운동권 특권 정치를 청산해야 한다”고 목소리를 높였다

한 위원장은 또 “민주당은 대표가 일주일에 서너 번씩
중대범죄로 형사재판 받는 초현실적인 상황인데도
왜 국민의힘이 압도하지 못하는지
함께 냉정하게 반성하자”며
“국회의원 불체포특권을 포기하기로 약속하는 분만
공천할 것이고 약속을 어기는 분은 즉시 출당하겠다
그러면서 “이재명 대표의 더불어민주당과
달라야 하지 않겠냐”고도 했다

고향에 간 이준석

2023년 12월 27일 이준석 전 국민의힘 대표가
서울 상계동의 한 고깃집에서 기자회견을 열고
"국민의힘을 탈당한다 동시에
국민의힘에 제가 갖고 있던
모든 정치적 재산을 포기한다"고 했다
그는 국민의힘에서 총괄 선거대책위원장 등
직책과 양지 출마도 제안받았지만
마음이 동하지 않았다고도 했다
"과거의 영광과 유산에 미련을 둔 사람은
선명한 미래를 그릴 수 없다"고 부연한 그는
한동훈 국민의힘 비상대책위원장을 겨냥한
발언도 쏟아냈다
한 위원장보다 12살 어린 그는
"한 장관과 저는 이제
경쟁자 관계에 들어섰다고 생각한다"고 했다
듣기에 따라서 사람의 말은
가슴에서 우러나오는 말과 입에서 나오는 말
그리고 입술에서 나오는 말이 다르다
입술에서 나오는 말은
순경음(脣輕音 · 입술 가벼운 소리)이라 해서
중량감이 떨어지는 게 사실이다

판사의 허구와 편견

2023년 12월 28일의 이야기다
양승태 전 대법원장이 12년전 취임사에서
“패소한 측은 끊임없이 상소를 거듭하며
3단계의 절차를 다 거치는 것이
당연한 것처럼 여겨지는 것이 오늘의 재판 현실입니다”
이런 문제를 제기했을 때
훗날 이 생각이 자신을 불행으로 몰아넣을 줄은
상상도 못했을 것이다
상고심 급증은 심각했다
대법관 한 명이 6년 임기 동안 합의한 건수가
4만 건을 넘기는 실정이었으니
재판지연과 부실화는 이미 사법부 최우선해결 과제였다

문재인 대통령이 임명한 김명수 대법원장역시 취임하면서
“우리 실정에 맞는 상고 제도를 만들고
정착시키겠다”고 다짐했지만 실패했다
2023년 12월 11일 취임한 조희대 대법원장은
전임자가 남긴 난제를 떠안았다
“모든 국민은 신속한 재판을 받을 권리를 가지는데도
법원이 이를 지키지 못하여
국민의 고통을 가중하고 있다”는 취임사에서

그의 문제 의식이 느껴진다
조희대 대법원장만큼 사법부 개혁에
유리한 조건을 갖추기도 어렵다
그는 양승태 코트(법원)와 김명수 코트에서
대법관을 지내면서 두 전임자의 혁신 시도가
최악의 상황으로 귀결되는 과정을
가까이서 지켜봤기 때문이다

윤석열 정부에 대한 부담도 별로 없다
현 정권이 원한 대법원장은 그가 아니었다
이균용 전 대법원장 후보자를
사법부 수장으로 낙점했지만
국회 문턱에 걸리자 대안으로 끌어내
대법원장 공백 사태를 해결했으니
정권이 조 대법원장에게 빚을 진 셈이다
'문제'는 재판 지연이 점점 악화하리라는
전망이 나오는 게 현실이다
특히 판사는 일반인과 달라서 경쟁이 없어도
최선을 다한다는 가정이 허구로 드러난만큼
선의의 경쟁이 살아나게 하는 변화가 필요하다는 것이
중앙일보 강주안의 '시선'
'양승태 · 김명수의 실패를 극복하려면' 타이틀의 내용이다
여기에 부연한다면
일개 판사의 사견(私見)과 편견(偏見)으로

발생하는 파급효과는 힘없고 어려움에 처한
국민에게 치명타가 된다는 사실을
간과해서는 아니 될 것이다

거야 쌍특검법 처리

2023년 12월 28일 '김건희 특검법'과
'대장동 50억 클럽 특검법' 이른바 쌍특검법이
야당 의원만 참석한 가운데
국회본회의에서 만장일치로 가결됐다
현역 대통령의 배우자를 대상으로
특별검사를 임명하는 법안이 통과된 것은
헌정사상 처음이다
김건희 특별법은 2009-2012년 이뤄진
'도이치모터스 주가조작 사건'에
김건희 여사가 개입했는지를 수사하도록 하는 것이 골자다
국민의힘은 해당 사건이 윤 대통령과 김 여사가
결혼하기 전에 발생해 권력형 비리에 해당하지 않고
문재인 정부 때 이미 검찰 수사가 이뤄졌다는 점을 들어
반대해 왔다
대통령실은 법안이 정부로 이송되면
즉각 거부권을 행사할 것이라고 밝혔다

대통령 비서실장 교체

윤석열 대통령이 12월 28일 대통령실의
비서실장과 정책실장 · 안보실장을 새로 임명했다
비서실장에 이관섭 정책실장
정책실장에 성태윤 연세대 경제학부 교수
안보실장에 장진호 외교부 1차관을 각각 발탁했다
윤 대통령은 비서실의 정점인
3실장 자리를 한 번에 재정비하면서
대통령 2기 진용을 갖춰 새해 1월부터 가동한다
김대기 비서실장은 이날 대통령실청사 브리핑에서
이런 내용을 발표했다

한동훈 비대위 발표

한동훈 위원장과 함께
국민의힘 비상대책위원회를 이끌어갈 비대위원에
30 · 40세대와 비정치인 출신이 전면 배치됐다
비대위원 10명 중 2명은 당연직이고
나머지 8명은 지명직이다
윤재옥(1961년생) 원내대표
유의동(1971) 정책위의장은 당연직이다
지명직엔
김예지(1980) 의원
민경우(1965) ▶노인비하 논란 사퇴
김경율(1969) 공인회계사
구자룡(1978) 변호사
장서정(1978) 플렛폼 자란다 대표
현지아(1978) 을지대병원 교수
박은식(1984) 호남대안포럼 대표
윤도현(2002) 자립준비청년지원 SOL대표 등
10명으로 구성됐다

현애살수

정세균 전 총리가 2023년 12월 28일
이재명 더불어민주당 대표를 만나
“특단의 대책이 필요한 시기”라며
사자성어 ‘현애살수(懸崖撒手)’를 인용했다
현애살수는 낭떠러지에서 잡고 있던
손을 놓는다는 뜻이다
어려운 상황에서 집착을 버리고 비장한
결단을 하라는 취지다
이재명 대표의 대표직 사퇴를 요구했다는 해석도 나온다
이재명 대표는 혁신과 통합에 최선을 다하겠다는
원론적 답변을 내놨을 뿐이다
정세균 전 총리의 조언에도 이 대표가
대표직을 사퇴할 가능성은 없어 보인다
정세균 전 총리와 김부겸 전 총리가
움직이면서 이낙연 · 이재명 모두의 부담도
커지고 있다고 하는 경향신문의 기사가
눈길을 끌고 있다

윤석열·박근혜 오찬

윤석열 대통령이
12월 29일 용산구 한남동 관저로
박근혜 전 대통령을 초청해 오찬을 함께했다
대통령실 핵심관계자는
"박근혜 전 대통령이 관저에 도착했을 때
윤 대통령이 직접 내려가 영접했다"며
"식사를 마친 뒤에도 윤 대통령 부부가
함께 배웅했다"고 말했다
이날 식사 자리엔 김건희 여사
이관섭 비서실장 내정자
유영하 변호사도 함께해 2시간 넘게 이어졌다

윤석열 대통령은 박근혜 대통령을 극진히 대접했다
최고급 한식 메뉴를 준비했고 10여 분간
관저 정원도 함께 산책했다
박근혜 대통령은 사저동 내부까지 안내하며
아버지 박정희 대통령이 지은
관저의 역사에 대해 설명하기도 했다

이들의 만남은 올해만 세 번째다
10월 26일 국립현충원에서 열린

박정희 대통령 44주기 추도식 때와
11월 7일엔 윤 대통령이 대구 달성군 사저를 찾아 만났으며
이번 오찬은 지난달 박 대통령 사저 방문 때
윤 대통령이 초청의사를 전해 이뤄진 것"이라고 했다
2024년 갑진년(甲辰年) 1월 1일에는
전국 대부분 지역이 대체로 맑아
동해안을 제외한 전국 대부분 지역에서
해맞이가 가능할 것으로 보인다
크리스마스 이후로 하늘을 뒤덮었던 미세먼지도
주말을 기점으로 점차 해소될 전망이라고 한다

이재명 · 이낙연 회동

2023년 12월 30일
이낙연 전 더불어민주당 대표는 어느 식당에서
이재명 대표와 55분간 배석자 없이 만났지만
이견만 확인하고 헤어졌다
이낙연 전 대표가 요구한 대표직 사퇴 및
통합비상대책위원회 구성을
이재명 대표가 거부해 협상이 결렬됐다
민주당은 총선 100여 일 앞두고 분당 수순을 밟게 됐다
이 대표의 정치력 부재가 분열의 요인이라며
방탄정당 · 팬덤정치 등 민주당을 향한 비판은
이재명 대표의 폐쇄적 리더십 탓이 크다고
경향신문 사설은 지적하고 있다

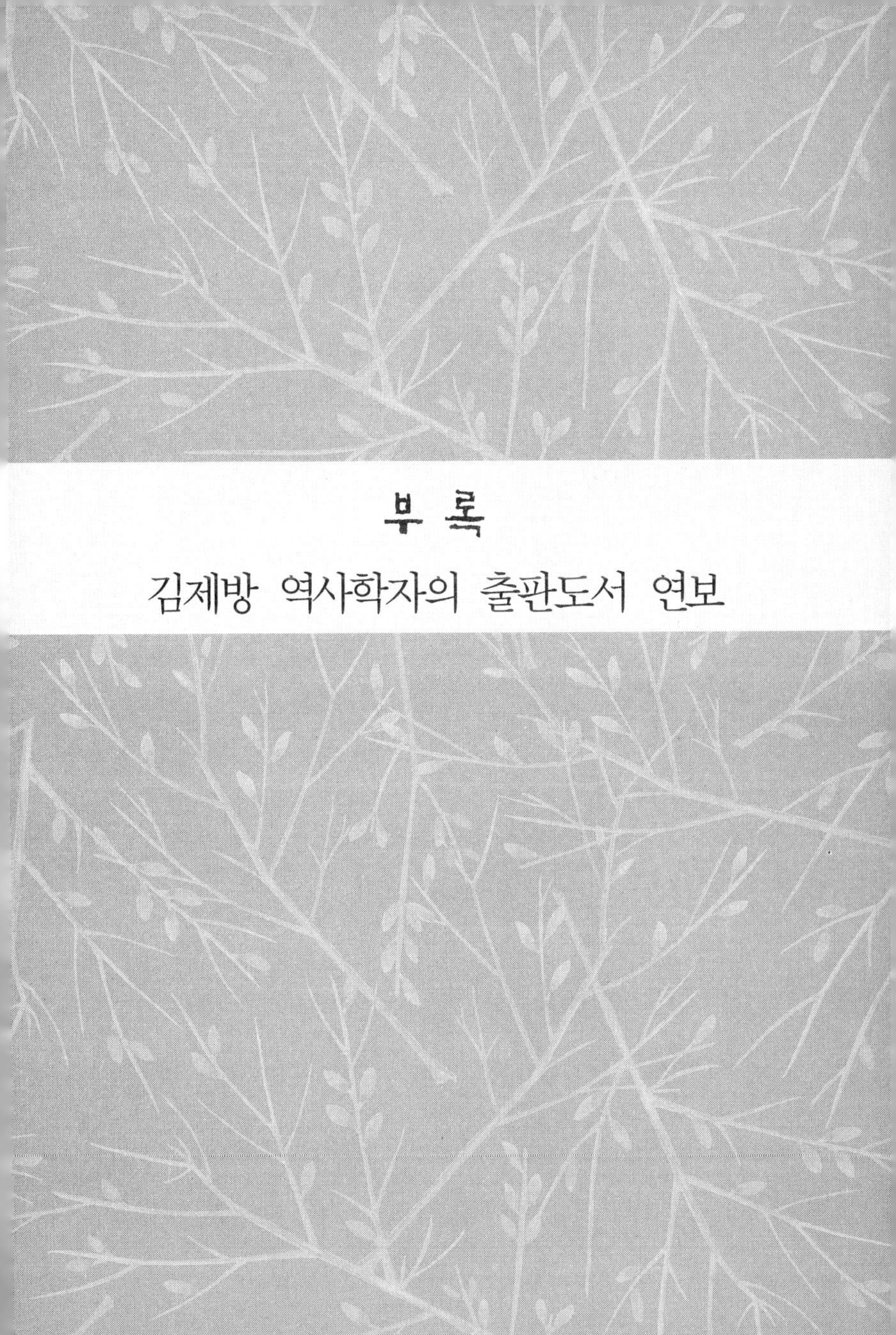

부 록

김제방 역사학자의 출판도서 연보

김제방 역사학자의 출판도서 연보

 수필집(여름사 · 지문사 · 행림출판)

1988년 인간적인 것이 그립다
1989년 빌딩 숲에 매달린 고슴도치
1991년 어느 여름밤의 방황
1992년 물꼬를 터 가는 사람들
1993년 사도세자 압구정역 하차
비에 젖은 남치맛자락
1994년 둥지를 찾아 헤매는 텃새
1996년 호박이 넝쿨째 굴렀네
목화꽃이 필 무렵

시집(지문사 · 한솜)

1998년 이집트로 가는 길

1999년 오아시스로 가는 길

2000년 베이징으로 가는 길

2001년 긴 만남 짧은 이야기

왕건의 나라

장하다 홍국영

2003년 홍선대원군 · 명성황후

2004년 고종황제의 최후

2005년 이승만과 김구의 대좌

2006년 박통의 그늘

세종대왕의 실수

2007년 불타는 창덕궁

2009년 한국근현대사

2010년 한국중고대사

2011년 조선왕조사

한국민주화역사

2013년 성공한국사(딥씨)

2015년 한국현대사 · 1

한국현대사 · 2

한국현대사 · 3

2016년 한국현대사 · 4

2017년 한국현대사 · 5

한국현대사 · 6

2018년 세계사와 함께 읽는 재미있는 韓國史

역사서사시집(문학공원)

2018년 우면산 돌담불

2019년 한강의 기적

5 · 16혁명

2020년 박정희 황금시대

문재인 적폐시대

이승만 건국시대

전두환 오판시대

2021년 코로나 비상시대

흔들린 민주주의

박정희 100년 시대

추억의 대한제국

2022년 선진국 대한민국

선진국 원년의 한국

윤석열 대통령 시대

2023년 한국혁명의 빛

중동 건설 붐 이후

박정희 정신(통산 50권째 저서)

법조계 악성 카르텔

2024년 윤석열 외교훈풍

재판인가 개판인가

김제방 역사서사시집

재판인가 개판인가

초판발행일 2024년 1월 17일

지은이 : 김제방
발행인 : 김순진
편집장 : 전하라
디자인 : 김초롱
펴낸곳 : 도서출판 문학공원
등 록 : 2004년 3월 9일 제6-706호
주 소 : 우편번호 03382 서울 은평구 통일로 633
녹번오피스텔 501호 스토리문학사
전 화 : 02-2234-1666
팩 스 : 02-2236-1666
홈페이지 : https://blog.naver.com/ksj5562
이메일 : 4615562@hanmail.net

※ 책값은 뒤표지에 있습니다.